AF750445

www.ingramcontent.com/pod-product-compliance
Lightning Source LLC
LaVergne TN
LVHW010840051026
849532LV00007B/2763

اخبار کی باتیں

(تحقیقی و تنقیدی مضامین)

مرتبہ:

سید حیدر آبادی

© Taemeer Publications LLC

Akhbaar ki baateiN (Essays)
by: Syed Hyderabadi
Edition: January '2026
Publisher :
Taemeer Publications LLC (Michigan, USA / Hyderabad, India)

ISBN 978-93-6908-837-9

مرتب یا ناشر کی پیشگی اجازت کے بغیر اس کتاب کا کوئی بھی حصہ کسی بھی شکل میں بشمول ویب سائٹ پر اَپ لوڈنگ کے لیے استعمال نہ کیا جائے۔ نیز اس کتاب پر کسی بھی قسم کے تنازع کو نمٹانے کا اختیار صرف حیدرآباد (تلنگانہ) کی عدلیہ کو ہوگا۔

© تعمیر پبلی کیشنز

کتاب	:	**اخبار کی باتیں**
مرتب	:	**سید حیدرآبادی**
صنف	:	تحقیق و تنقید
ناشر	:	تعمیر پبلی کیشنز (حیدرآباد، انڈیا)
سالِ اشاعت	:	۲۰۲۶ء
صفحات	:	۹۴
سرورق ڈیزائن	:	تعمیر ویب ڈیزائن

فہرست

پیش لفظ

اردو اخبارات اور ان کی باتیں ہماری ثقافتی اور سماجی روایات کا آئینہ دار ہیں، جو نہ صرف خبروں کی دنیا کو روایت سے جوڑتے ہیں بلکہ عوام کی نفسیاتی، سماجی اور سیاسی شعور کو بھی جلا بخشتے ہیں۔ اردو صحافت کی ابتدا ہندوستان کی آزادی کی تحریکوں سے جڑی ہوئی ہے، جہاں 'صادق الاخبار' جیسے جرائد نے ۱۸۵۷ کی جنگ آزادی میں کلیدی کردار ادا کیا، افواہوں کی تکذیب سے لے کر جہاد کے فتووں تک، عوام کو متحد کرنے کی کوشش کی۔ آج کے دور میں انٹرنیٹ اور ڈیجیٹل میڈیا نے اردو اخبارات کو نئی جہت دی ہے، جہاں آن لائن نیوز، ویڈیوز اور سوشل میڈیا ان کی رسائی کو وسعت دیتے ہیں، مگر روایتی اخبار بینی کا مزہ اب بھی قارئین کی نفسیات میں زندہ ہے۔ اردو اخبارات کی اہمیت اس میں ہے کہ وہ خبروں کو نہ صرف رپورٹ کرتے ہیں بلکہ ان کی تفہیم، تجزیہ اور ثقافتی سیاق پیش کرتے ہیں— عشق، سنسنی، کھیل، بچوں کی باتیں، سیاسی پالیسیاں—سب کچھ عوام کی دلچسپی کا محور بن جاتا ہے۔ تاہم، اردو صحافت کے زوال کی وجوہات بھی سنگین ہیں: محدود اشاعت، مالی مشکلات، مالکان کی مداخلت، ادارتی صفحوں کی کمزوری، اور ہندی / انگریزی پریس کی برتری۔ اس کی ثقافتی اہمیت کو برقرار رکھنے کے لیے

اصلاحات ناگزیر ہیں، جیسے دلچسپ خبروں کی ترجیح، ایڈیٹوریل بورڈ کی مضبوطی، اور ڈیجیٹل تبدیلی۔ یہ کتاب انہی مسائل پر روشنی ڈالتی ہے، جو اردو اخبارات کی روایت کو زندہ رکھنے اور ان کی ثقافتی ورثے کو محفوظ کرنے کی کوشش ہے۔ اردو اخبارات صرف معلومات کا ذریعہ نہیں، بلکہ قومی شعور کی تشکیل اور ثقافتی تسلسل کی ضمانت ہیں، جن کی باتیں آج بھی ہماری روزمرہ زندگی کی عکاسی کرتی ہیں۔

اس مجموعے کا پہلا مضمون "خبروں کی اہمیت اور اردو اخبارات" میں شیخ فہیم اللہ نے خبر کی مختلف تعریفیں پیش کرتے ہوئے اس کی عوامی دلچسپی، سنسنی خیز نوعیت اور اردو صحافت کی اصلاح کی ضرورت پر زور دیا ہے۔ دوسرا مضمون "اردو اخبارات کا کردار اور اداریہ کی پالیسی" میں اداریہ کو اخبار کی جان قرار دیا گیا، اس کی اخلاقی ذمہ داریاں، موضوعاتی تنوع اور اردو پریس کی کمزوریوں کا تجزیہ کیا گیا ہے۔ تیسرا مضمون "اخبارات اور انٹرنیٹ" سید نثار مہدی نے ڈیجیٹل انقلاب، آن لائن نیوز، سوشل میڈیا اور روایتی اخبار بینی کے مزے پر روشنی ڈالتے ہوئے اردو پریس کی نئی حکمت عملی تجویز کی ہے۔ چوتھا "اخبار بینی" سید امتیاز الدین کی یادداشتوں پر مبنی ہے، جو اخبار کی روزمرہ اہمیت، لطیف واقعات اور سماجی خدمات کو دلچسپ انداز میں بیان کرتا ہے۔ پانچواں "رہبر اخبار نویسی" علیم اللہ حالی نے سید اقبال قادری کی کتاب کا جائزہ لیا، جو صحافت کی تاریخ، خبر نویسی، اخلاقیات اور اصطلاحات پر جامع دستاویز ہے۔ چھٹا "۱۸۵۷ کی جنگ اور دہلی کا صادق الاخبار" مخمور صدری نے اس جریدے کے انقلابی کردار، فتووں، اشتہارات اور انگریز

مخالف لہجے کی تفصیل دی ہے۔ ساتواں "زوال پذیر ہندوستانی اردو اخبارات، چند تجاویز" محمد علم اللہ نے مالی، ادارتی اور اشاعتی مسائل پر روشنی ڈالتے ہوئے تجاویز پیش کی ہیں۔ آخری دو مضامین اردو اخبارات کی ثقافتی روایات، ادبی اثرات اور مستقبل کی چیلنجز پر مرکوز ہیں۔ یہ نو مضامین مل کر اردو صحافت کی روایتی عظمت اور عصری مسائل کی تصویر کشی کرتے ہیں۔

ا

خبروں کی اہمیت اور اردو اخبارات

شیخ فہیم اللہ

متمدن ممالک میں اخبار بینی کو بھی زندگی کا ایک لوازمہ سمجھا جاتا ہے۔ ہمارے ملک میں آج کل اخبار پڑھنے کا شوق بڑھ رہا ہے، لیکن اردو اخبارات میں پبلک کے مذاق کا لحاظ کیا جاتا ہے اور خبروں کی ترتیب میں موزونیت کا خیال رکھا جاتا ہے۔ یہی وجہ ہے کہ اردو اخبارات کی اشاعت کا دائرہ دوسرے ملکی زبانوں کے اخبارات کے مقابلہ میں بہت ہی محدود ہے۔

پہلے یہ معلوم کرنے کی ضرورت ہے کہ خبر کس کو کہتے ہیں اور اس کی تعریف کیا ہوسکتی ہے۔ خبر کی تعریف یوں ہے کہ (۱) خبر وہ ہے جس سے ناظرین واقف ہونا چاہئیں (۲) خبر وہ ہے جس سے بہت سے لوگ واقف ہونا چاہیں۔ اس میں صحت و اعتبار کی قید نہ پائی جائے (۳) خبر ان واقعات کا اظہار ہے جو زیادہ لوگوں کی دلچسپی کا باعث ہو (۴) خبر وہ ہے جس کے بارے میں زیادہ تر لوگ گفتگو کریں (۵) خبر ان واقعات، اسرار، خیالات و آراء وغیرہ کی وقتی معلومات ہیں جن سے ناظرین دلچسپی رکھتے ہیں (۶) خبر واقعات ہیں یعنی ایسے واقعات جن کے نتائج

برے اور جن کی نسبت تردید کرنی پڑے (۷) خبر کسی واقعہ کا ضروری اظہار یا انسانی دلچسپی کا موضوع ہے یعنی وہ چیز جس کا تعلق انسانی معاشرے سے ہو جس کا اثر انسان کے رنج و راحت کا باعث ہو (۸) خبر کی کسوٹی پبلک ہے۔ اس کی قدر و قیمت عوام کے مذاق و دلچسپی پر منحصر ہے (۹) خبر میں وہ تمام وقتی و ہنگامی باتیں داخل ہیں جو ہمہ گیر ہوں اور اہم ترین خبر وہ ہے جس میں عوام کا معتد بہ حصہ دلچسپی لے۔

اسی طرح خبروں میں ایسی باتیں ہوتی ہیں جن کو سب لوگ جاننا چاہتے ہیں۔ لیکن ان کو شائع نہیں کیا جاسکتا۔ ممکن ہے ان میں کچھ غلط ہوں اور کچھ معاشرے کے مفاد کے خلاف ہوں۔ ممکن ہے کچھ ملک و قوم اور حکومت کے حق میں ہوں۔ صحافت میں خبر کی ضرورت یوں معنی رکھتی ہے کہ یہ وقتی معلومات ہیں جن سے زیادہ تر لوگ دلچسپی حاصل کر کے واقفیت ناظرین کے حق میں انفرادی اور سماجی زندگی کے فلاح و بہبود کیلئے مفید ثابت ہو۔ یہ صرف اور صرف ایڈیٹر کی قابلیت پر منحصر ہے جیسے قابل ایڈیٹر روکھی اور خشک بات کو دلچسپ بنا کر پیش کر سکتا ہے، جس سے قارئین کی بڑی تعداد لطف اندوز ہو سکتی ہے۔

ہر اخبار کے اداریہ کا یہ اصول ہونا چاہئے کہ حتی الامکان اپنے قارئین کی زیادہ سے زیادہ تعداد کے ذوق طبع کا خیال رکھے اور خبروں کی فراہمی کی وقت ان کی اہمیت کا بھی اندازہ کرنا چاہئے۔ آیا وہ خبریں وقتیہ ہیں یا پھر ان کو کتنے لوگ پڑھیں گے۔ یا پھر ان کی اہمیت ملکی ہے یا غیر ملکی اور پھر ان سب کا تعلق ناظرین کی انفرادی اور سماجی زندگی سے ہے۔ یا حکومت سے اگر اس طرح ان کو علمی صورت میں پیش کیا جائے تو ناظرین لطف اندوز ہو سکتے ہیں اور ان کی اشاعت میں بڑی مقبولیت پیدا

کرے گی۔ اور یہ قارئین کے معتدبہ حصہ سے ہے۔ اخبار کی اشاعت میں مدیران کو سلیقہ سے ترتیب دے کر اپنے پرچے کو دلچسپ بنانے کی کوشش کرے تو وہ اپنے کاروبار میں کامیاب ہوسکتے ہیں۔ تجربہ اور مشاہدہ سے یہ بات ثابت ہوتی ہے کہ ناظرین اخبار کو عموماً مندرجہ ذیل نوعیت کی خبروں میں کسی نہ کسی خبر سے ضرور دلچسپی ہوتی ہے۔ اور وہ اس قسم کی خبروں کو بڑے شوق سے پڑھتے ہیں۔

آویزش: آدمی کو ہر مقابلے میں خواہ اس میں حیوانی قوت کا مظاہرہ ہو، اس میں نمایاں یا کمال و قابلیت کا بڑا لطف ہوتا ہے۔ اس لحاظ سے مار پیٹ، دنگا، فساد اور جنگ و جدال وغیرہ کی خبریں بڑی دلچسپی سے پڑھی جاتی ہیں۔

۲۔ عشق و محبت: یہ نظری بات ہے کہ عشق و محبت کے افسانے، محبت کی داستان یا اسی قسم کے دوسرے مظاہرے انسان کو بہت بھاتے ہیں اس سے بچے، بڑے سبھی لطف اندوز ہوتے ہیں۔

۳۔ خفیہ و پراسرار: راز معلوم کرنے کیلیۓ ہر شخص بے چین رہتا ہے جو چیزیں راز میں ہوتی ہیں انسان انھیں جاننے کی تیزی سے خواہش کرتا ہے۔ لہذا جو خبریں جس قدر سنسنی خیز ہوں گی وہ اتنی ہی شوق سے پڑھی جائیں گی۔

۴۔ جوانمردی کا کام: انسان کی جوانمردی کا ثبوت ہے کہ اس سے روئے زمین پر قبضہ حاصل کرنے کی کوشش کی مشکلات پر قابو پانا، حیرت انگیز باتوں کا تجزیہ کرنا وغیرہ ایسی باتیں جن کی خبریں اہم سمجھی جاتی ہیں۔

۵۔ ناممکن اور ناگہانی واقعات: روزمرہ کی باتوں سے تو ہمیں اکثر سابقہ پڑتا ہے لیکن اس میں ہمارے لئے کوئی دلکشی نہیں ہوتی ہے۔ برخلاف اس کے اگر کوئی

ناممکن یا ناگہانی واقعہ یا حادثہ ہو جائے تو عرصہ تک اس کا تذکرہ کیا جاتا ہے۔ جس ملک میں آئے دن زلزلے آتے ہیں وہاں یہ معمولی سی بات ہے لیکن جہاں نہیں آتے وہاں اگر بھونچال آجائے تو یہ خبر اہم سمجھی جاتی ہے۔ اسی طرح اچانک کوئی واقعہ ہو جائے مثلاً ڈاکہ پڑ جائے یا قتل ہو جائے یا اس قسم کی کوئی بات غیر معمولی طور پر پیش آجائے تو اس کو اہمیت دی جاتی ہے۔

۶۔ آدمی: آدمی سماج کی جان ہے۔ وہ اپنے دوست احباب اور سماج کے افراد، آدمی بنی نوع انسان سے تعلق رکھنے والی باتوں کو شوق سے پڑھتا ہے۔ انسان کے دکھ، سکھ سے متعلق باتیں ہیں اس لئے اچھی لگتی ہیں کہ ان کا رشتہ ہماری اپنی زندگی سے بھی ہوتا ہے۔ افسانہ، ناول، ڈرامہ وغیرہ سے ہم اسی لئے زیادہ لطف اندوز ہوتے ہیں کہ اس کے اشخاص یا افراد بھی ہماری ہی طرح چلتے پھرتے ہیں اس قسم کی انسانی زندگی سے تعلق رکھنی والی خبریں اہم سمجھی جاتی ہیں۔

۷۔ بچے: بچوں سے سب ہی کو محبت ہوتی ہے۔ ان کی باتیں اور ان کا چلنا پھرنا کس کو پسند نہیں آتا۔ اگر بچے کوئی ایسا جرم کر بیٹھتے ہیں جس کی ان سے توقع نہیں ہو تو ایسی خبریں اہم سمجھی جاتی ہیں۔ قتل میں بچوں کا بیان، تلاش گمشدہ، بچوں کی خبریں، کارآمد سمجھی جاتی ہیں۔

۸۔ کھیل اور تماشے: کھیل، سنیما، تھیٹر اور مقابلے وغیرہ ایسے موضوع ہیں جن کے پڑھنے کیلئے زیادہ تر لوگ خواہش مند رہتے ہیں۔ اسی طرح شکار کے قصے بڑی دلچسپی سے پڑھے جاتے ہیں۔ ان کے علاوہ خبر کی اہمیت و شہرت کی جانچ اور طریقے پر بھی ہو سکتی ہے۔ مقامی خبریں، مقامی لوگوں کیلئے اہمیت رکھتی ہیں۔ غیر

ملکی خبروں میں خطرناک واقعات جن کا اثر دوسروں پر پڑ سکتا ہے مثلاً آگ لگنا، جہاز کا ڈوبنا، جن سے مال و جان کے نقصان عظیم کا اندیشہ ہے۔ لوگ غور سے پڑھتے ہیں، غیر ملی کارنامہ مثلاً دنیا کے کسی گوشہ میں ایسا کام ہونا جو اپنی نوعیت کے لحاظ سے بہترین ہو سب لوگ اس کے بارے میں جاننے کے خواہش مند رہتے ہیں۔ اس کے سوا دنیا کے ایسے واقعات جن کے ظہور سے آج نہیں تو کل اور لوگوں کیلئے رنج یا راحت کے سامان مہیا ہو سکتے ہیں۔

اردو صحافت دوسری ملکی زبانوں کی صحافت کے مقابلے میں بہت اصلاح کی محتاج ہے۔ اردو زبان سارے ہندوستان کی ملکی و قومی زبان کا درجہ حاصل کرنے کیلئے اس بات کی سخت ضرورت ہے کہ اردو والے سب سے پہلے اپنی اردو صحافت کی اصلاح کر کے ترقی کے زینہ پر گامزن ہوں اور دوسری ملکی زبانوں کی صحافت سے اپنا پلہ بھاری رکھیں۔ اردو صحافت کی بدولت دلچسپ خبروں اور مفید معلومات کے ذریعہ اردو زبان کی مقبولیت و ہمہ گیری وسعت پیدا کریں۔ کسی زبان کی توسیع و اشاعت کیلئے عمدہ صحافت سے بڑھ کر اور کوئی ذریعہ نہیں۔ ہندی زبان کی ترقی کا یہی راز ہے کہ اس کے سرگرم خدمت گزار اور ہندی زبان کی صحافت کے ذریعہ دوسری قوموں کو اپنی طرف راغب کر رہے ہیں۔

***

۲

اردو اخبارات کا کردار اور اداریہ کی پالیسی

شیخ فہیم اللہ

اخبار میں اداریہ خبروں کی پالیسی کا نہ صرف ترجمان بلکہ جان ہوتی ہے۔ جس سے اس کی انفرادیت معلوم ہوتی ہے۔ اداریہ اخبار کیلئے ایک اہم عضو ہوتا ہے جو اخبار کا اپنا ایک مسلک، عقیدہ، رجحان اور کردار کیا ہے۔ صحافت کا اصول یہ ہے کہ خبروں کو معروضی انداز میں پیش کیا جائے۔ ان میں اپنی آواز کو پیش کیا جائے۔ خبروں کا بنیادی وصف اس کی صحت ہے۔ کسی واقعہ کا بے لاگ غیر جانبدارانہ اور دیانت دارانہ بیان خبر کہلاتا ہے۔

صحافت میں اداریہ نویس کیلئے تجاویزات ضروری ہوتے ہیں (۱) اداریہ نویس کو حقائق پوری ایمانداری سے پیش کرنا چاہئے۔ کسی واقعہ کو توڑ مروڑ کر پیش نہیں کرنا چاہئے یا کسی شخص کی شبیہ خراب کرنے کی کوشش نہیں کرنا چاہئے۔(۲) اداریہ نویس کو نہ تو کبھی ذاتی مفادات کی طرف مائل ہونا چاہئے اور نہ اپنے اور دوسروں کیلئے خصوصی فائدہ حاصل کرنے میں اپنے اثر کا استعمال کرنا چاہئے۔ اسے بدعنوانی کے کسی معاملے میں بالاتر رکھنا چاہئے۔ اس کا ذریعہ چاہے کچھ بھی ہو۔(۳)

ادار یہ نویس کو یہ نہیں مان لینا چاہئے کہ وہ کبھی غلط ہو ہی نہیں سکتا۔ اس لئے اپنے اختیارات کے مطابق ان لوگوں کی آواز اٹھانی چاہئے جو اس سے متعلق نہ ہو۔ (۴) ادار یہ نگاری میں دستیاب اطلاعات کی بنیاد پر خود کے نتائج کا برابر جائزہ لیتا رہے۔ اگر اسے ایسا لگے کہ اس کا نتیجہ سابقہ غلط تصورات پر مبنی ہے تو اس میں ترمیم کرنے میں اسے بالکل جھجک نہیں ہونی چاہئے۔ (۵) ادار یہ نگار کو چاہئے کہ وہ اپنے معاونین کی پیشہ وارانہ ایمانداری کے اعلی ترین معیارات کے تیئں ان کے اعتماد میں انہیں پورا تعاون دے کیونکہ ادار یہ نگار کی ساکھ اس کے معاونین کی ساکھ ہے اور معاونین کی ساکھ ادار یہ نگار کی ساکھ ہے۔ (۷) ادار یہ نگار کے پاس پختہ خیال اور جمہوری فلسفہ زندگی کی جرات ہونی چاہئے۔ اسے کبھی کوئی ایسا مضمون نہیں تحریر یا شائع نہیں کرنا چاہئے (۷) ایک اچھا اور موزوں ادار یہ تین حصوں پر مشتمل ہوتا ہے۔ پہلے حصے میں موضوع یا مسئلہ کو بیان کیا جاتا ہے۔ دوسرے میں اس کا تجزیہ ہوتا ہے اور تیسرے میں مسلہ کا حل پیش کیا جاتا ہے۔

ادار یہ میں ۵۰۰ سے ایک ہزار الفاظ تک ہوتے ہیں۔ اس کے علاوہ روزنامہ ہفتہ وار، پندرہ روزہ اور رسالے کے ادار یہ میں فرق ہوتا ہے۔ جبکہ رسالے کا ادار یہ پرانے مسائل کو اٹھاتا ہے۔ ادار یہ کے اندر حق گوئی اور بے باکی کا عنصر نمایاں رہنا ضروری ہے۔ ادار یہ میں حق گوئی اور بے باکی کا عنصر نمایاں رہنا ضروری ہے۔ بزدلی سے لکھے جانے والے ادار یہ کمزور اور بے اثر ثابت ہوتے ہیں۔ اس لئے اردو اخبارات بے لاگ اداریوں کیلئے خاص طور سے مشہور ہیں۔ موجودہ دور میں علوم و فنون کا دائرہ وسیع ہے۔ تمام امور پر مہارت رکھنا شخصی واحد کیلئے مشکل

ہے۔ اس لئے نامور اخبارات میں اداریہ لکھنے کیلئے ماہرین کا عملہ ہوتا ہے۔ جس کو ایڈیٹوریل بورڈ کہتے ہیں۔ اس کا ہر رکن کسی نہ کسی مضمون کا ماہر ہوتا ہے اور روزانہ اخبار کے دفتر میں عام طور پر روزانہ ماہرین کے ساتھ ایڈیٹر کا تبادلہ خیال ہوتا ہے۔ جس میں موضوع کا حل اور اداریہ نگار کا انتخاب ہوتا ہے۔ جس سے موضوع پر کونسی پالیسی اپنائی جائے اس میں مدد ملتی ہے۔

انگریزی پریس میں پہلے صفحہ پر اداریہ شاذ و نادر اور بہت ہی غیر معمولی واقعہ پر دیا جاتا ہے۔ لیکن یوروپی ممالک میں یہ بہت عام ہے۔ خاص طور پر اٹلی اور فرانس میں ایک قومی اور بین الاقوامی حالات پر جبکہ دوسرا مقامی مسائل اور واقعات پر ہوتا ہے دیگر زبانوں کے اخبارات کے اداریوں میں بڑا موضوعاتی تنوع پایا جاتا ہے۔ اس کے مقابلے میں اردو اخبارات کے اداریوں پر نظر ڈالے تو بڑی مایوسی ہوتی ہے اردو اخبارات کے اداریوں سے مسائل مشرقی وسطی اور اردو کو نکال دیا جائے تو کچھ بچتا نہیں ہے۔ لیکن یہ بھی سچائی ہے کہ دیگر زبانوں کے اخبارات کے متعصبانہ رویہ کی وجہ سے ان امور پر اردو اخبارات کے اداریہ کافی معلوماتی اور بے لاگ ہوتے ہیں۔ اردو اخبارات میں اداریوں کے موضوعات کے انتخاب اور دیگر امور میں تنگ دامنی کیلئے زیادہ تر ایڈیٹروں کو نہ تو مورد الزام ٹھہرایا جاسکتا ہے اور نہ ہی ان کی صلاحیت پر سوالیہ نشان لگایا جاسکتا ہے۔ جو طبقہ اردو اخبارات خرید کر پڑھتا ہے اس کی ذہنیت کے مطابق وہ اداریوں کے موضوعات کا انتخاب کرتے ہیں۔ اردو اخباروں میں عام طور پر اداریہ مضمون کالم، فیچر وغیرہ میں فرق نہیں کیا جاتا۔ ایسا نہیں ہے کہ اردو کے تمام صحافی ان کے اصولوں سے ناواقف ہیں بلکہ

سب سے بڑی وجہ یہ ہے کہ مالکان اچھی تنخواہ پر باصلاحیت صحافی نہیں رکھتے۔ ان کی نظر کام چلاؤ پر ہوتی ہے۔ ورنہ جہاں اچھا سرمایہ لگا کر باصلاحیت صحافیوں کو رکھا گیا ہے۔ وہاں اخبار اور اداریہ کا معیار بلند ہوتا ہے۔ دیگر اخباروں اور اردو اخباروں کی تربیت و سہولیات میں بہت زیادہ فرق ہوتا ہے۔ زیادہ تر اردو اخباروں کے مدیروں کی تنخواہ اتنی بھی نہیں ہوتی۔ جتنی دوسری زبانوں جیسے انگریزی اخبار کے اٹنڈر کی ہوتی ہے۔ اخباروں سے مقابلہ کرنے میں اردو اخباروں کے مالکان شرم محسوس نہیں کرتے ہیں اور ایک المیہ یہ بھی ہے کہ اردو اخباروں میں ادارتی صفحہ کو کمتر اور معمولی سمجھا جاتا ہے۔ اسے کسی ایسے کمزور صحافی یا صرف آپریٹر کے حوالے کر دیا جاتا ہے۔ جس کا مقصد کسی طرح صفحہ سیاہ کرنا ہوتا ہے۔ دسری زبانوں کے ا خبارات میں اس صفحہ کو غیر معمولی اہمیت حاصل ہوتی ہے۔ کیونکہ یہ افکار اور نظریات پر مشتمل ہوتا ہے۔ وہاں اس کا خیال رکھا جاتا ہے کیا شائع کیا جاتا ہے کیا نہیں۔ اس صفحہ کو ایڈیٹر، نائب ایڈیٹر اور جوائنٹ ایڈیٹر درجہ کا صحافی دیکھتا ہے۔ اس کی اہمیت اس بات سے لگائی جاسکتی ہے کہ New York Times کے ادارتی صفحہ کا الگ ایڈیٹر ہوتا ہے اور وہ براہ راست اس کے ناشر کو جواب دہ ہوتا ہے۔ انگریزی اخبارات میں اتنی وسعت آگئی ہے کہ مختلف افکار و نظریات اور پہلوؤں پر مبنی تجزیاتی مواد کو اتنی اہمیت دی جاتی ہے کہ اس کیلئے ذاتی صفحہ کے سامنے ایک اور صفحہ کا اضافہ کر دیا جاتا ہے۔ جس کو Editional Of Opposite کہا جاتا ہے۔ اس میں باہر کے اخبار کے اندر کے قلمکار، کالم نگار اور مضامین کے ماہرین آزادانہ طور سے اپنے خیالات کا اظہار کرتے ہیں اور حالات و واقعات کا تجزیہ کرتے ہیں۔ نیو

یارک ٹائمز میں کالم نگاروں کی اپنی ٹیم ہوتی ہے۔ بلکہ برطانیہ میں غیر دستخطی شدہ کالم یعنی اداریہ کو Loading Article کے نام سے جانا جاتا ہے۔ جبکہ آسٹریلیائی اور بڑے امریکی اخباروں جیسے نیو یارک ٹائمز اور بوسٹن گلوب میں ادارے کو Openion سے موسوم کیا جاتا ہے۔ صنعتی مقابلہ آرائی تو اداریہ کی تعریف ہی بدل کر رکھ رہی ہے۔ مدیر کی اصل فکر اور تخلیقات کے بجائے انتظامیہ کی بازار پر مبنی سوچ غالب آنے لگتی ہے۔

بچن سنگھ کے الفاظ کے مطابق اخبارات و رسائل اپنے قارئین کی تعلیم و تربیت کرنے کا طاقتور ذریعہ نہیں سونے کا انڈا دینے والی مرغیاں بنتے جارہے ہیں۔ آج کل مدیران کا سب سے بڑا مسئلہ اپنے مالکوں کو خوش رکھنے کا ہے۔ کئی ایسے اہم واقعات رونما ہوئے ہیں جس میں کا نامی گرامی مدیروں کو اپنے عہدوں سے صرف اس لئے برطرف کر دیا گیا کہ انہوں نے اخبار کے مالکان کی پالیسی کی خلاف ورزی کرتے ہوئے اپنے خیالات کا اظہار کیا تھا۔ اداریہ میں عصری حالات کے رخ موڑنے کی بے پناہ صلاحیت ہوتی ہے۔ یہ ایک آئینہ ہی نہیں بلکہ ایک تیز ہتھیار بھی ثابت ہو سکتا ہے۔ تاریخ گواہ ہے کہ اداریوں کی وجہ سے کئی حکومتیں تہہ و بالا ہوئی ہیں اور زندگی کے کئی شعبوں میں انقلاب آیا ہے۔

صحافت کی قدیم روایات کے مطابق اخبار کا اداریہ نگار عوام کے ضمیر کا پاسبان سمجھا جاتا رہا ہے۔ اچھے اور برے کی تمیز کی جانب اشارہ دینا اداریہ نگار کا اخلاقی فریضہ ہے اور اداریہ نگار کسی بات کی حمایت کرتا ہے تو اطمینان بخش ثبوت اور دلائل کے ساتھ اور اسی طرح کسی بات کی کھل کر مخالفت کرتا ہے۔

اداریہ نگار ثناخواں ہو یا جنگجو اس کا ہر فعل ایک دانشورانہ فعل سمجھا جاتا ہے۔ اقدار کی حفاظت کرنا وہ اپنی اخلاقی پابندی تصور کرتا ہے۔ کبھی وہ مذہبی پیشواء کی طرح تلقین کرتا ہے اور کبھی قانون دان یا ائینی علوم کے باہر کی طرح معاملہ بنیادی اہمیت کی تشریح کرتا ہے۔ اداریہ کی سرخی بہتر اور صحافیانہ تحریر کی طرح ابتدائیہ جملے کافی دلکش ہوں اور عام شاہدہ ہے کہ بہت کم قارئین اداریہ پڑھتے ہیں اور کچھ قارئین ایسے ہیں جو اداریہ پڑھے بغیر چین نہیں لیتے۔ جن میں تعلیم یافتہ لوگ ادارے پڑھنے کے عادی ہوتے ہیں۔

ہندوستان میں آج بھی اداریہ کافی طویل ہوتے ہیں۔ بلکہ مغربی ممالک میں مختصر اداریوں کا رواج عام ہوتا جارہا ہے۔ اس کیلئے موضوع کا انتخاب بھی ایک اہم مرحلہ ہے۔ آج تک کسی ماہر نے یہ ہدایت نہیں دی ہے کہ اداریہ کا ایک ادبی شاہکار ہونا ضروری ہے۔ اس کا عین مقصد بھی خبر کی تشریح اور کسی معاملہ کی وکالت ہے۔ دوسروں کی مدد اور تعاون کئے بغیر کوئی ادارہ دنیا میں سرخرو نہیں ہوسکتا۔ حکومتوں کی جانب سے قوانین بنتے ہیں۔ مذہبی پیشوا، اخلاقی تعلیم کے اصول واضح کرتے رہتے ہیں۔ تعلیمی اداروں کے ذریعہ علم و عمل کی ہدایات جاری ہوتی رہتی ہیں۔

اخبارات ایسے متعدد اداروں سے تعاون کرتے ہیں اور زندگی کی قدروں کی سرپرستی کرتے ہیں۔ اداریہ اخبار کا آلہ ہے۔ جس کے صحیح استعمال سے حیات کے ہر شعبہ کی نگرانی، حمایت اور تعاون ممکن ہے۔ اداریہ ہی " ہم " " ہماری رائے " ہمارے خیال میں جیسے الفاظ کا استعمال کرتا ہے یہ کسی شخص کا تحریر کردہ ہو یا عملہ

اداریہ کے متعدد صحافیوں کی کاوش کا نتیجہ ہو۔ وہاں لفظ ہم، ہی درج ہو گا۔ اسے صحافتی اصطلاح میں ایڈیٹوریل وی Editorial We کہتے ہیں ادار یہ کو کبھی انفرادی طور پر شائع نہیں کیا گیا ہے۔

***

۳

اخبارات اور اِنٹرنیٹ

سید نثار مہدی

جب صبح نمودار ہوتی ہے تو عوام سب سے پہلے اخبار پڑھنے کو پہلے ترجیح دیتے ہیں اور دنیا کا سارا حال چال معلوم کرنے کے بعد انہیں سکون محسوس ہوتا ہے۔ اخبار کے زیادہ تر قارئین اخبار پڑھے بغیر ناشتہ نہیں کرتے۔ ہندوستان میں سب سے پہلے اخبار "بنگال گزٹ" کے نام سے ۱۷۸۰ء میں شائع ہوا تھا جس کے بعد جیسے ہندوستان میں اخبارات کا جال پھیلتا گیا اور اب ہمارے ملک کے شہروں اور ہر بڑے اور چھوٹے شہروں سے مختلف زبانوں میں اخبارات روزانہ شائع ہوتے ہیں۔

اخبارات پڑھنے سے نہ صرف دنیا کا حال چال معلوم ہوتا ہے بلکہ معلومات میں اضافہ بھی ہوتا ہے۔ ہندوستان میں سب سے زیادہ لوگ ہندی اخبار پڑھتے ہیں جس کے بعد قارئین انگریزی اخبار کا مطالعہ کرتے ہیں اور تیسرے نمبر پر قارئین اردو اخبار کا مطالعہ کرتے ہیں۔ اس کے علاوہ ہندوستان کے ہر کونے سے ہفتہ وار یعنی Weekly، پندرہ روزہ اخبارات مختلف زبانوں میں شائع ہوتے ہیں جس کو لوگ بڑے شوق سے پڑھتے ہیں۔ جب ہم پرانے دور پر نظر ڈالتے ہیں تو پتہ چلتا ہے کہ

پرانے دور کے اخبارات اتنے معیاری نہیں ہوتے تھے جتنے کہ آج کے اخبارات ہوتے ہیں۔ پرانے دور کے اخبارات کم صفحات اور بلیک اینڈ وائٹ پرنٹنگ ہوا کرتی تھی جبکہ آج کے اخبارات معیاری طباعت، رنگین اور زیادہ صفحات کے ساتھ شائع ہوتے ہیں۔

آج کے اخبار نہ صرف خبروں کا احاطہ کرتے ہیں بلکہ عوام کی معلومات کیلئے مخصوص صفحوں پر مضامین جیسے کیریئر سے متعلق معلومات، صحت، خواتین کا صفحہ اور بچوں کے لئے دلچسپ مضامین شائع کئے جاتے ہیں۔ اس سے اخبار کے قارئین میں اخبار پڑھنے کی دلچسپی اور بڑھتی ہے۔ اس کے علاوہ اخبارات کی جان اشتہارات ہوتے ہیں جس سے قارئین کو بڑی مدد ملتی ہے۔ چاہے نوکری حاصل کرنا ہو یا بیٹے یا بیٹی کا رشتہ کرنا ہو، گھر خریدنا ہو، کرایہ پر حاصل کرنا ہو یا کسی بھی چیز کیلئے اخبار کا مطالعہ کافی فائدے مند ہوتا ہے۔

اخبار کی اہمیت سے کوئی بھی انکار نہیں کر سکتا، لیکن آج کے دور میں نوجوان اخبار بینی سے تھوڑا دور ہوتے چلے جا رہے ہیں اور اگر پڑھتے بھی ہیں تو ۲، ۳ منٹ میں پورا اخبار پڑھ لیتے ہیں جبکہ تفصیلی اخبار پڑھنے کے لئے کم از کم آدھے گھنٹے کا وقت لگتا ہے۔ اب نوجوانوں کی دلچسپی کمپیوٹر، موبائیل اور ٹی وی تک محدود ہو کر رہ گئی ہے۔ اسی لئے اس نئے دور میں تمام زبانوں کے اخبارات کو کمپیوٹر پر لوڈ کیا جا رہا ہے تا کہ قارئین کمپیوٹر کے ذریعہ اخبار پڑھ سکیں۔ اس سے نہ صرف نوجوانوں میں اخبار پڑھنے میں دلچسپی بڑھی ہے بلکہ لاکھوں اخبار کے قارئین دنیا بھر میں اخبار کا مطالعہ کر رہے ہیں۔

اخبارات Online News Update کے ساتھ ساتھ مختلف مضامین کا احاطہ کرتے ہیں جس میں ہندوستان کی خبریں، بین الاقوامی خبریں، صحت، اسپورٹس، کیریئر وغیرہ شامل ہوتے ہیں۔ اخبار کے Online صفحہ پر تازہ ترین واقعات کے Videos کو Upload کیا جاتا ہے تاکہ قارئین کی دلچسپی میں اور اضافہ ہوسکے۔ لاکھوں کی تعداد میں لوگ Videos کا نظارہ کرتے ہیں اور Like کرتے ہیں۔ عوام کی رائے جاننے کیلئے مختلف اخبارات Opinion Poll شائع کرتے ہیں جس سے عوام کے رجحان کا پتہ چلتا ہے۔ یہ Opinion Poll مختلف اخبارات کے Online News ویب سائیٹ پر پیش کئے جاتے ہیں اور عوام اس اوپینین پول میں بڑھ چڑھ کر حصہ لیتے ہیں۔ اخبارات کے آن لائن نیوز کا دائرہ اتنا بڑھا دیا گیا ہے کہ اب آپ تمام نیوز کو فیس بُک، ٹوئٹر، یوٹیوب اور انسٹاگرام پر بھی پڑھ سکتے ہیں۔ اس سے قارئین کیلئے آسانی ہوگئی ہے کہ چاہے تو وہ نیوز اخبار کے ویب سائٹ پر پڑھ سکتے ہیں یا سوشیل میڈیا کے ذریعہ تازہ ترین نیوز کو نہ صرف پڑھ سکتے ہیں بلکہ Likes کر کے اپنی دلچسپی کا اظہار کرسکتے ہیں۔

انٹرنیٹ نے اخبارات کی مقبولیت بڑھانے میں کافی اہم رول ادا کیا ہے جبکہ اخبار کے قارئین جو دنیا کے کونے کونے میں موجود ہیں، Mouse Click کرتے ہی دنیا کا کوئی بھی اخبار آپ کے سامنے ظاہر ہوجاتا ہے۔ انٹرنیٹ پر اخبار موجود رہنے کے باوجود لوگ آج بھی اخبار خرید کر پڑھنے کو ترجیح دیتے ہیں۔ ناشتہ اور چائے کے ساتھ اخبار پڑھنے کا مزہ ہی کچھ اور ہوتا ہے جو کہ انٹرنیٹ پر پڑھنے سے حاصل نہیں ہوتا۔ ہندوستان کے مختلف علاقوں سے اردو کے معیاری اخبارات شائع

ہوتے ہیں اور ان تمام اخبارات کو انٹرنیٹ کے ذریعہ پڑھا جاسکتا ہے۔

ہفتہ وار اخبارات میں نئی دنیا اور گواہ کے نام قابل ذکر ہیں۔ زیادہ تر اردو روزنامے Online News ویب سائٹ پر اردو اور انگریزی میں Breaking News شائع کرتے ہیں جس سے قارئین کو پڑھنے میں آسانی ہوجاتی ہے۔ ضرورت اس بات کی ہے کہ عوام زیادہ سے زیادہ اخبارات سے استفادہ کریں اور اپنی معلومات میں اضافہ کریں۔ آج کے اخبارات نہ صرف نیوز شائع کرتے ہیں بلکہ عوام کی رہنمائی بھی کرتے ہیں۔ اب ضرورت اس بات کی ہے کہ عوام کو ہندوستان کی مختلف زبانیں سیکھنی چاہیے تاکہ قارئین اخبار مختلف زبانوں کے اخبار پڑھ سکیں۔ ہر زبان کے اخبار کی مخصوص خوبی ہوتی ہے جو اخبار پڑھنے سے معلوم ہوتی ہے۔ حیدرآباد سے شائع ہونے والے تلگو اور ہندی اخبارات کی تعداد اشاعت کافی زیادہ ہے۔ ان تلگو اور ہندی اخبارات میں کافی مواد شائع کیا جاتا ہے جس سے ہم بھی فائدہ اٹھاسکتے ہیں۔ تلگو کے اخبارات بھی Online News ویب سائیٹ پر تلگو اور انگریزی میں Breaking News اور مختلف نیوز شائع کرتے ہیں جس سے ہر کوئی فائدہ اٹھاسکتا ہے۔ آخر میں اتنا کہوں گا کہ اخبار کی اہمیت ہمیشہ سے ہے اور ہمیشہ رہے گی۔

***

۴

اخبار بینی

سید امتیاز الدین

دنیا اتنی تیزی سے بدل رہی ہے کہ جو چیزیں کل تک رائج تھیں آج ان کا رواج ختم ہو گیا ہے، لیکن اخبار ایسی چیز ہے جو ہر تھوڑے بہت پڑھے لکھے آدمی کی زندگی میں داخل ہے۔ ہر صبح ہم بے چینی سے اپنے اخبار کا انتظار کرتے ہیں۔ حالات حاضرہ میں ہمارا کوئی دخل نہیں لیکن ہم حالات حاضرہ جاننے کے لئے اتنے بے چین رہتے ہیں جیسے دنیا میں جو کچھ ہو رہا ہے ہماری مرضی کے مطابق ہو رہا ہے۔ ہماری طبعی عمر اور ہماری اخبار بینی کی عمر میں بہت کم فرق ہے۔ وجہ اس کی یہ ہے کہ ہم کو بہت چھوٹی عمر میں اردو لکھنا پڑھنا آگیا تھا۔ گھر کے لوگ ہم سے اخبار پڑھوا کر سنتے تھے۔ ہمارے گھر کوئی رشتہ دار آتے تو ان سے کہا جاتا ذرا اس بچے سے اخبار پڑھوا کر سنئے، بہت صاف پڑھتا ہے۔ ایک بار ہمارے تایا ہمارے گھر آئے۔ ہم ان کو اخبار سنانے لگے۔ یہ وہ زمانہ تھا جب ملک ابھی جمہوریہ نہیں بنا تھا اور پریسیڈنٹ کی بجائے ملک کا صدر گورنر جنرل ہوا کرتا تھا۔ ہم نے گورنر جنرل کو گورنر حب زل پڑھ دیا۔ ہمارے تایا ہنسے اور کہا "میاں! اسے گورنر جن رل پڑھو"۔ اس کی ایک

وجہ یہ بھی تھی کہ ہم اسکول میں شریک نہیں ہوئے تھے اور انگریزی تعلیم باقاعدہ شروع نہیں ہوئی تھی۔ چنانچہ جب ہمارا اسکول میں داخلہ ہو گیا تو ایک انگریزی اخبار بھی جاری کرایا گیا۔ ان دنوں سب سے سستا انگریزی اخبار فری پریس جرنل تھا جو بمبئی سے نکلتا تھا۔ اس کی قیمت چھ پیسے تھی اور وہ دن میں تین بجے آتا تھا اس طرح ہم صبح میں اردو اخبار پڑھ کر گھر سے نکلتے تھے اور اسکول سے واپسی پر انگریزی اخبار پڑھتے تھے۔ صبح کی اردو خبریں ذہن میں رہتی تھیں تو شام میں انگریزی خبریں کچھ کچھ سمجھ میں آجاتی تھیں،

لیکن ایک بار عجیب اتفاق ہوا۔ بمبئی کے کسی مقامی لیڈر کا انتقال ہوا اور فری پریس جرنل میں اس کے نام کے ساتھ Passes away لکھا ہوا آیا۔ اتفاق دیکھئے کہ اس کے دوسرے ہی دن ہمارے کلاس ٹیچر نے ہم سے چاک منگوایا کیونکہ بورڈ پر لکھنے کے لئے کلاس میں چاک نہیں تھا۔ چاک ہیڈ ماسٹر کے چپراسی کے پاس ہوتے تھے۔ ہم کلاس سے جونہی باہر نکلے ہم کو ہیڈ ماسٹر دکھائی دیئے جن کے ہاتھ میں بید تھی۔ اسکول کے اوقات میں اگر کوئی بچہ کلاس کے باہر دکھائی دیتا تو ہیڈ ماسٹر صاحب پہلے بید کا استعمال کرتے پھر باہر نکلنے کی وجہ پوچھتے۔ ہم دور سے ان کو دیکھ کر تیزی سے دوبارہ کلاس میں داخل ہو گئے اور کلاس ٹیچر سے کہا Sir, Head Master is passing away ہمارے کلاس ٹیچر مسکرائے اور ہماری اصلاح کر دی کہ ایسے موقع پر کیا کہنا چاہئے۔ بہر حال، اخبار کے روزانہ مطالعے سے ہماری اردو، انگریزی دوسرے بچوں کے مقابلے میں بہتر ہو گئی اور عام معلومات بھی دوسروں سے زیادہ ہو گئیں، جس کا فائدہ ہمیں جنرل نالج کے مقابلوں میں ہوا۔ ہم

اب بھی پابندی سے اخبار پڑھتے ہیں لیکن پورا اخبار کبھی نہیں پڑھتے۔ دس پندرہ منٹ میں اپنی دلچسپی کی خبریں دیکھ لیتے ہیں۔ آپ کو یہ سن کر تعجب ہو گا کہ ہم کو اپنے مخصوص اخبار کے مطالعے کی عادت ہے۔ اگر اخبار والا کوئی اور اخبار ڈال کر چلا جائے تو بڑی کوفت ہوتی ہے۔

جب ہم ہائی اسکول میں آگئے تو ہماری خواہش ہوئی کہ کاش کبھی ہمارا نام بھی اخبار میں چھپے۔ اتفاق دیکھئے کہ ہمارے محلے میں معین فاروقی صاحب رہتے تھے جو ہم سے بڑی شفقت سے پیش آتے تھے اور ہم سے آپ یا تم کی بجائے تُو سے خطاب کرتے تھے۔ ایک دن انھوں نے ہم سے کہا "تو بھی کچھ لکھ بابو میں تیرے نام سے اپنے اخبار انگارے میں چھاپ دوں گا"۔ ہم خوش تو بہت ہوئے لیکن پریشانی کے عالم میں پوچھا کہ "آخر لکھوں کیا"۔ کہنے لگے "لطیفے لکھ یا منتخب اشعار لکھ میں چھاپ دوں گا"۔ ہم نے ہر ہفتے یہ سلسلہ شروع کیا۔ ہمارے پاس مختلف عنوانات کے تحت اشعار کی ایک کتاب تھی جیسے محبت، گلاب، رقیب، زاہد وغیرہ۔ لطیفے تو خود ہم کو بہت یاد تھے۔ لیکن ہم کو شبہ ہے کہ اس اخبار میں پروف ریڈنگ نام کی چیز برائے نام ہوتی تھی کیونکہ ہمارے بھیجے ہوئے اشعار اور لطیفے تو چھپ جاتے تھے لیکن ہمارا نام آنے سے رہ جاتا تھا۔ ایک بار ہم نے معین فاروقی صاحب سے شکایت کی کہ 'بھائی میرے لطیفے تو چھپے ہیں لیکن میرا نام غائب ہے' ہنس کر بولے 'یہ خود ایک لطیفہ ہے'۔ اس کے بعد ہم نے پڑھائی کا بہانہ کر کے یہ سلسلہ منقطع کر دیا۔

۱۹۸۲ء میں ایک دن ہم نے ریڈیو پر سنا کہ جوش ملیح آبادی کا کراچی میں انتقال ہو گیا۔ نہ جانے اس دن ہم پر کیا بھوت سوار ہوا کہ ہم نے بمشکل ایک گھنٹے میں

ایک تعزیتی نظم لکھ دی اور اسے فون پر اپنے بڑے بھائی شاذ تمکنت کو سنائی۔ بھائی نے نہ صرف اسے پسند کیا بلکہ یہ بھی کہا کہ اسے فوراً سیاست میں دے دو۔ ہم اپنی نظم لئے ہوئے لرزتے کانپتے سیاست کے دفتر پہنچے۔ محبوب حسین جگر صاحب ایک بڑے ہال میں بیٹھتے تھے اور ہر آنے والا پہلے ان کی نظروں میں آتا تھا اور وہ سلام کو ہاتھ اٹھادیتے تھے۔ جگر صاحب مجھے اچھی طرح جانتے تھے۔ کچھ تو میرے بڑے بھائی کی وجہ سے اور کچھ اس وجہ سے بھی کہ میں اسی علاقے کا الکٹریکل انجینئر بھی تھا۔ بہت اخلاق سے ملے۔ میں نے جیب سے اپنی نظم نکالی اور کہا کہ یہ نظم جوش صاحب کے انتقال پر میں نے لکھی ہے۔ جگر صاحب کچھ پریشان سے ہوگئے۔ شاید انھوں نے سوچا ہو کہ ایک انجینئر کو شاعری سے کیا سروکار۔ کہیں یہ محض تک بندی نہ ہو یا مالِ مسروقہ نہ ہو۔ بہرحال ہم جیسے تیسے اپنی نظم انھیں تھما کر واپس ہوگئے۔ معلوم ہوا کہ بعد میں جگر صاحب نے ہمارے بھائی کو فون کیا اور پوچھا کہ کیا یہ نظم آپ نے دیکھی ہے۔ بھائی نے انھیں اطمینان دلایا۔ چنانچہ دوسرے دن سیاست کے پہلے صفحے پر جوش صاحب کے انتقال کی خبر چھپی تھی اور دوسرے صفحے پر اس ناچیز کی تعزیتی نظم۔ ہم اپنی نظم دیکھ کر بہت خوش ہوئے اور اپنے دو دوستوں کو دکھائی۔ ایک دوست جو بال کی کھال نکالنے میں ماہر تھے۔ کہنے لگے 'اس نظم کے اوپر تمہاری اور جوش صاحب کی تصاویر ہوتیں تو اچھا تھا'۔ دوسرے دوست جو کسی کی کہی ہوئی بات کو کاٹنے میں یکتا تھے۔ کہنے لگے "ہرگز نہیں ! دو تصاویر شائع ہوتیں تو لوگوں کو شبہ ہوتا کہ اصل میں انتقال کس کا ہوا ہے"۔ مزید دھکّا ہم کو اس وقت پہنچا جب مجتبیٰ حسین صاحب نے، جو ان دنوں حیدرآباد آئے ہوئے

تھے، بھائی سے فون پر پوچھا 'کیا آپ کے بھائی صاحب عرصے سے جوش صاحب کے مرنے کے منتظر تھے کہ ان کی تجہیز و تکفین سے پہلے ہی نظم چھپوادی'۔

خیر بات چل رہی تھی اخبار بینی کی اور ہم ادھر اُدھر بھٹک گئے۔ سچی بات یہ ہے کہ آج کل اخبار پڑھنے کا مزہ نہیں رہا۔ ہر روز ایک جیسی خبریں چھپتی ہیں۔ سنا ہے کہ کسی زمانے میں پاکستان ریڈیو سے ایک صاحب خبریں پڑھتے تھے جن کا نام تھا شکیل احمد۔ شکیل احمد خبریں اس اعتماد سے پڑھتے تھے کہ بعض لوگوں کا خیال تھا کہ وہ بغیر نیوز بلیٹن کے بھی محض اپنے تجربے اور مہارت سے خبریں سنا سکتے تھے۔ آج کل دنیا اور ملک کے حالات ایسے ہیں کہ آپ آج بتا سکتے ہیں کہ کل کے اخبار میں کیا آنے والا ہے۔ مشرق وسطی، شام، فلسطین وغیرہ میں کہیں نہ کہیں خود کش حملہ ہوتا ہے، جس میں سیکڑوں جانیں جاتی ہیں اور کسی کے کان پر جوں نہیں رینگتی۔ ہمارے ملک میں کہیں سیلاب میں یا توکئی گھر بہہ گئے ہیں یا ہزاروں لوگ گھر بار چھوڑ کر محصور ہیں۔ حکومت کی کارکردگی سے اپوزیشن پارٹیاں بالکل غیر مطمئن ہیں اور خود حکومت بے حد مطمئن ہے اور بار بار اپنی پیٹھ ٹھونک رہی ہے۔ بعض لوگ کروڑوں اربوں کا غبن کر کے دیار غیر میں جابسے اور وطن سے دوری میں عافیت محسوس کر رہے ہیں۔ وزیر اعظم بالعموم بیرونی دوروں پر رہتے ہیں اور ٹوئیٹر پر اہل وطن کو سلام شوق بھیجتے ہیں۔ مقامی خبروں میں آشنا کے ہاتھوں شوہر کا قتل یا شبہے کی بنیاد پر شوہر کے ہاتھوں بیوی کا قتل، یا نصف شب میں آٹو رکشا میں کسی لڑکی کے ساتھ بد سلوکی۔ بس ایسی ہی خبریں تھوڑے سے الٹ پھیر کے ساتھ دیکھنے میں آتی ہیں۔ ہماری سمجھ میں یہ بات اب تک نہیں آئی کہ ایسے میاں بیوی جو

ایک دوسرے سے ناراض ہیں سیدھے سیدھے طلاق یا قانونی علحدگی کیوں نہیں اختیار کرلیتے۔ جیل جانے سے تو بچ جائیں گے اور اپنی پسند کی زندگی گزارنے کا موقع تو رہیگا۔ خیر ہم مشورہ دینے والے کون اور ہمارا مشورہ سننے والا کون ہے۔

اخبار بینی کی ایک قسم اجتماعی اخبار بینی بھی ہے۔ ہم جن دنوں پابندی سے واک یعنی چہل قدمی کے لئے جاتے تھے تو واپسی میں ایک ہوٹل میں اپنے تین چار دوستوں کے ساتھ چائے پیتے تھے۔ وہاں ایک صاحب چند ناخواندہ لوگوں کے گھیرے میں بیٹھ کر پڑھتے تھے، جسے باقی لوگ نہایت غور سے سنتے تھے شاید نیوز ریڈر صاحب کا معاوضہ ایک کپ چائے تھا جو انکے سامعین انھیں پلاتے تھے۔ ایک مرتبہ تو اخبار پڑھ رہے تھے۔ انھوں نے سرخی پڑھی 'زیر تعمیر عمارت منہدم'۔ انھوں نے چیخ مار کر کہا 'ارے میں تو بھول ہی گیا تھا۔ میں ایک کمرہ بنوا رہا ہوں جس کے لئے ریتی اور سیمنٹ آنے والی ہے' یہ کہہ کر وہ اخبار ٹیبل پر ڈال کر تیزی سے رخصت ہوگئے۔

اسی طرح بعض لوگ نہایت تحقیقی نظر سے اخبار پڑھتے ہیں۔ ایک بار انتقال کے کالم میں کسی صاحب کی وفات کی خبر شائع ہوئی۔ دو تین مرحومین کے سانحۂ ارتحال کی اطلاع کے بعد اسی کالم میں پھر انہی صاحب کے انتقال کی خبر چھپ گئی۔ یہ صاحب جو تحقیقی نظر رکھتے تھے فوراً اخبار کے دفتر پہنچے اور انتقال کا کالم دیکھ کر دریافت کرنے لگے کہ یہ کتنا عجیب واقعہ ہے کہ ایک ہی دن میں دو ہم نام اشخاص جن کی ولدیت بھی ایک ہے انتقال کر گئے۔ اگر اس خبر کی تصدیق ہو جائے تو میں یہ تراشہ گینز بک آف ورلڈ ریکارڈ کے لئے روانہ کروں۔

ایک زمانہ تھا جب اخبار صرف خبروں تک محدود رہتا تھا لیکن اب اخبار سماجی خدمات بھی انجام دے رہا ہے۔ جیسے روزگار کے مواقع، مسابقتی امتحانات کی رہ نمائی، دوبدو رشتے، تربیتی کورس اور کلاسس، اردو کے فروغ کی کوششیں وغیرہ۔ لیکن ابھی بھی ایک محاذ ایسا ہے جس میں کامیابی ملنا باقی ہے اور وہ ہے شادیوں میں فضول خرچی۔ شادیوں میں سادگی سے متفق تو سب ہیں لیکن جب عمل کا وقت آتا ہے تو بہت کم لوگ کھرے اترتے ہیں۔ جس دن صحیح معنی میں سادگی سے شادیاں ہونے لگیں گی ہم سمجھیں گے کہ یہ مشن پورا ہوا۔ اس سال رمضان کی عید کے بعد شاندار شادیوں کے دعوت نامے جو ہمیں ملے ہیں آج تک کبھی نہیں ملے تھے۔ پُر تکلف ضیافتوں کے لئے میزبان ہی ذمہ دار نہیں بلکہ باذوق مہمان بھی شریک ہیں، جو میلوں کی مسافت طے کرکے دور دور کے شادی خانوں میں ہونے والی شادیوں میں شریک ہوتے ہیں اور لذیذ کھانوں کا لطف اٹھاتے ہیں۔ حال ہی میں ہم کو ایک شادی میں شریک ہونے کا اتفاق ہوا جو ہمارے گھر سے چودہ کیلو میٹر دور تھی۔ ہم جب پہنچے تو نکاح جبھی ختم ہوا تھا اور لوگ نوشہ سے مل رہے تھے۔ ہم بھی غلطی سے شہ نشین پر چڑھ گئے۔ ہمارے ساتھ ایک اور محترم ساتھی بھی تھے۔ جب ہم دلہے اور اس کے عزیز و اقارب سے مل کر نیچے اترے تو ڈائننگ ہال بھر چکا تھا۔ ہمارے ساتھ جو محترم ساتھی تھے ہم سے کہنے لگے "تم نے دلہے سے مل کر زندگی کی بدترین غلطی کی ہے۔ ارے میاں دلہا کہاں بھاگا جاتا ہے۔ پہلے کھانا کھاتے پھر اطمینان قلب کے ساتھ مبارکباد دیتے"۔ بہر حال شادیوں میں کوئی محض شرکت کے خیال سے شریک نہیں ہوتا۔ لذت کام و دہن اصل محرک ہوتی

ہے۔

چلتے چلتے پھر ایک بار اخبار بینی کی طرف رجوع کرتے ہیں۔ اخبار بینی کے کچھ چھوٹے موٹے نقصانات بھی ہیں۔ کبھی اخبار میں ساڑیوں کے ڈسکاونٹ سیل کے اشتہار آجاتے ہیں۔ ہم ایسے فتنہ خیز اشتہار والے صفحے کو مفاد عامہ کے پیش نظر غائب کر دیتے ہیں تا کہ بیوی کی نظر نہ پڑے۔ ہماری ملازمہ اردو لکھنا پڑھنا جانتی ہے۔ کام ختم کرنے کے بعد وہ کچھ دیر اخبار دیکھ کر جاتی ہے۔ چار چھ دن پہلے ہم نے اخبار میں دیکھا کہ گھریلو ملازمہ کی اقل ترین تنخواہ نو ہزار ہوا کرے گی۔ اس خبر کو پڑھتے ہی ہم پر جیسے بجلی گر پڑی۔ ہم نے سالم اخبار نہایت محفوظ جگہ پر چھپا دیا۔ نہ رہے بانس نہ بجے بانسری۔ تو صاحبو! اخبار بینی کے بارے میں آج کی حد تک بس اتنا ہی۔

***

۵

رہبر اخبار نویسی از سیّد اقبال قادری

علیم اللہ حالی

۷۵۰ صفحات پر مشتمل سید اقبال قادری کی کتاب 'رہبر اخبار نویسی' صحافت سے متعلق تمام ضروری امور پر معتبر دستاویزی حیثیت کی حامل ہے۔ ابتدائی صفحات 'عرضِ مصنف' کے عنوان سے مصنفِ کتاب نے صحافت کی اہمیت پر روشنی ڈالی ہے۔ یہ حقیقت ہے کہ آج صحافت ہماری انفرادی اور اجتماعی زندگی سے قریب تر ہوچکی ہے۔ دنیا کا ایک حصہ دوسرے حصے سے اس قدر قریب ہوچکا ہے کہ ہم جب تک پوری دنیا میں ہونے والے اہم واقعات سے باخبر نہ ہوں اس وقت تک خود اپنے مسائل حل نہیں کرسکتے۔ ادھر چالیس پچاس برسوں میں ذرائع ابلاغ کی ترقی نے ہمیں دنیا بھر کے حصوں سے باخبر رہنے پر مجبور کردیا ہے۔ نئے ذرائع اظہار کی تیزی سے ترقی نے ایسی صورتِ حال پیدا کردی ہے کہ ہم جب تک عالمی سطح پر رونما ہونے والے واقعات سے باخبر نہ ہوں اس وقت تک خود اپنی جگہ پر مطمئن نہیں رہ سکتے۔ اس لیے موجودہ حالات میں جہاں وسیلہ اظہار کی نئی صورتیں سامنے آئی ہیں عالمی واقعات کی جانکاری بھی ہمارے لیے ضروری ہوگئی ہے۔ ظاہر ہے کہ ایسی

صورتِ حال میں اخبار نویسی اور صحافت کی ذمے داریاں بھی خاصی بڑھ چکی ہیں۔ آج صحافت ایک باقاعدہ ترقی یافتہ Faculty کی طرح ہماری انفرادی اور اجتماعی زندگی کے لیے ناگزیر ہو چکی ہے۔

صحافت کی ضرورت اور عالمی واقعات کے اثرات نے ہمیں شعوری طور پر زیادہ حساس بنا دیا ہے۔ صحافت کے فن سے وابستہ افراد جہاں نئے ذرائع ابلاغ کے ذریعے دنیا کے حالات معلوم کرتے رہتے ہیں۔ وہاں ان حالات کو عام لوگوں تک منتقل کرنے کے سلسلے میں بھی صحافی کی ذمے داریاں خاصی بڑھ چکی ہیں۔ اب صحافت محض ذاتی دلچسپی کا شعبہ نہیں رہ گئی ہے بلکہ ہماری اجتماعی زندگی میں ایک ناگزیر عنصر اور دانش و آگہی کا ذریعہ بن چکی ہے۔

مصنفِ کتاب نے اپنے مختصر لیکن اہم ابتدائیہ میں الفاظ کے جہانِ معنی کو صحافت کے لیے ایک اہم عنصر بتایا ہے۔ زبانوں کے ایک دوسرے سے قریب ہونے اور آلات کی ترقیوں نے الفاظ کے معنی و مفہوم میں بھی تبدیلیاں پیدا کر دی ہیں۔ حالات اور واقعات کو اس کی اہمیت کے لحاظ سے بیان کرنے کے سلسلے میں صحافی حضرات کو نئے نئے الفاظ استعمال کرنے کی ضرورت پڑتی ہے۔ دنیا کے ایک حصے سے دوسرے حصوں کی قربت کے نتیجے میں لسانی سطح پر بھی ایک زبان دوسری زبانوں سے غافل نہیں رہ سکتی۔

مصنف کتاب نے یہ بتایا ہے کہ ہندوستان میں بھی صحافت کا شغل خاصا قدیم ہے۔ سیاسی اور معاشرتی سطح پر نئے تغیرات سے ہمکنار کرنے میں ہماری صحافت نے اہم رول ادا کیا ہے۔ مصنف نے اردو صحافت کے ارتقا کی تصویر بھی پیش کی ہے اور

عہد حاضر کی اشاعتی اور طباعتی سہولتوں کے پیشِ نظر ہمیں اپنی ذمے داریوں سے بھی باخبر کیا ہے۔

پیش نظر کتاب خبر نویسی کے اہم پہلوؤں کی تفصیل پیش کرتی ہے۔ مصنف نے جو عنوانات مقرر کیے ہیں ان سے یہ اندازہ ہوتا ہے کہ وہ صحافت کے تمام ضروری امور کے سلسلے میں نہ صرف واقفیت کے حامل ہیں بلکہ انھیں عصرِ حاضر کی صحافتی ذمے داریوں کے لیے ضروری سمجھتے ہیں۔

یہ کتاب دس اہم ابواب پر مشتمل ہے جس کے تحت صحافت کی تاریخ، خبروں کے اقسام، خبروں کے سرچشمے، خبروں کی اہمیت کے لحاظ سے ان کی Editing، نامہ نگاری کے بنیادی اصول، اخبار میں الفاظ و املا کی درستگی، مختلف تقریبات اور تقاریر میں اہم حصوں کی تلاش، نامہ نگاری کے جدید اصول، ادبی اور اخباری تحریر کے فرق اداریہ نگاری، کالم نویسی، انٹرویو، اخبار میں تحریر کے ساتھ تصویروں کی شرکت کے اصول، اخبار نویسی کے سلسلے میں ضروری اخلاقی قانونی امور، مختلف صحافتی انجمنوں کا تعارف، اخبارات میں ضروری اصطلاحات کا استعمال— غرض صحافت کے حوالے سے آج کی ترقی یافتہ دنیا کے تمام ضروری امور کے ساتھ یہ کتاب خاصی اہمیت کی حامل ہے۔

قومی کونسل برائے فروغ اردو زبان نے اسے شائع کرکے اگر ایک طرف صحافت کے پیشے سے منسلک افراد کے لیے ایک وقیع ہدایت نامہ پیش کردیا ہے تو دوسری طرف بلکہ ان تمام لوگوں کے لیے بھی یہ کتاب کافی اہمیت کی حامل ہے جو اخبارات کے ذریعے تمام عالمی امور کی آگہی کو اہم سمجھتے ہیں۔

کتاب: رہبر اخبار نویسی

مصنف: سید اقبال قادری

صفحات: ۱۵۷، قیمت: ۲۶۰ روپے، سنہ اشاعت: ۲۰۱۶

ناشر: قومی کونسل برائے فروغِ اردو زبان، نئی دہلی

***

۶

۱۸۵۷ کی جنگ اور دہلی کا صادق الاخبار

مخمور صدری

ہندوستان کی پہلی جنگ آزادی میں جس اخبار نے نمایاں حصہ لیا وہ سید جمیل الدین خاں ہجر کا اخبار 'صادق الاخبار' ہے۔ یہ ہفتہ وار اخبار ۱۸۵۴ کو جمیل پورہ عرف چوڑی والان دہلی سے جاری ہوا۔ جو ہر دوشنبہ کو طبع ہو کر شائع ہوتا تھا، ماہانہ ایک روپیہ، پیشگی ششماہی پانچ روپے اور سالانہ پندرہ روپے تھا۔ محصول ڈاک خریدار کے ذمے تھا۔ اخبار کا سرورق بیل بوٹوں سے آراستہ ہوتا تھا۔ لوح کے اوپری سرے پر چاند کا نشان تھا، اس کے نیچے 'اللہ جمیل یُحِبُّ الجمال' لکھا ہوتا تھا۔ یہ اخبار لیتھو پریس میں چھپتا تھا اور اس کی اشاعت دو سو تھی۔ جب کوئی اہم خبر آتی، اس کا ضمیمہ نکل آتا تھا۔ اگر کوئی مضمون یا خبر چھپوانے کا خواہش مند ہوتا تو رفاہِ خاص کے لیے فی سطر دو آنہ مقرر تھا۔

رفاہِ عام کے لیے ہوتا تو مفت چھپتا تھا ساتھ ہی تاکید بھی کی جاتی تھی کہ مضمون پر صفائی کے ساتھ دستخط کر کے مالک و مہتمم صادق الاخبار دہلی کو بہ ذریعہ ڈاک بھیج دیں۔ یہ اخبار نہ صرف دہلی میں پڑھا جاتا تھا بلکہ باہر بھی جاتا تھا۔ اس کے

خریداروں اور مداحوں میں ہندو اور مسلمان سبھی شامل تھے۔

'صادق الاخبار' کے نام سے دہلی سے چار اخبار جاری ہوئے تھے۔ اول وہ اخبار جو پہلے فارسی میں تھا اور پھر اردو میں نکلنے لگا۔ بقول احسن الاخبار، بمبئی:

"صادق الاخبار کے ایڈیٹر صاحب نے رفتہ رفتہ اپنے اخبار کو اردو زبان کا اخبار بنا دیا ہے، سمجھ میں نہیں آتا ہے کہ انھوں نے فارسی زبان سے کیوں رابطہ الفت منقطع کر دیا۔ شاید اخبار کے خریداروں نے تقاضا کیا ہو گا کہ فارسی زبان کر دو اور اردو میں اخبار جاری کرو اس کے علاوہ تو اور کوئی وجہ خیال میں نہیں آتی۔"

امداد صابری کے والد صاحب کے کتب خانہ میں مذکورہ صادق الاخبار ے/لغایت ۲۵ جنوری ۱۸۴۵ کا ایک پرچہ موجود ہے جس سے یہ واضح ہوتا ہے کہ یہ اخبار ۱۸۴۴ میں ضرور جاری ہوا ہو گا۔ نیشنل آرکائیوز کے سرکاری کاغذات میں ۲۴ اپریل ۱۸۴۷ کی تاریخ میں ایک صادق الاخبار کا اندراج ملتا ہے جو غالباً یہی صادق الاخبار رہا ہو گا اور ایڈیٹر کا نام شیخ امداد حسین تھا۔ غالباً یہ اخبار ۱۸۵۰ سے پہلے بند ہو چکا تھا۔

دوسرا صادق الاخبار ۱۸۵۳ کو دہلی سے جاری ہوا، مہتمم مصطفی خاں تھے۔ بقول گارساں دتاسی:

"صادق الاخبار جسے مصطفی خاں مصطفائی پریس کے منیجر نکالتے تھے۔ یہ پریس پہلے لکھنؤ میں تھا، لیکن چند خاص وجوہ کی بنا پر کارخانہ وہاں بند کر دیا گیا۔ اس کے بعد مصطفی خاں نے اس کی دو نئی شاخیں ایک کانپور اور دوسری دہلی میں قائم کیں۔ یہ پرچہ دہلی سے شائع ہوتا ہے...."

یہ اخبار ایک سال سے بھی کم عرصہ جاری رہا۔

تیسر اصادق الاخبار جنوری ۱۸۵۶ میں نکلا۔ اس کے اڈیٹر شیخ خدا بخش تھے۔

جس کا صرف ایک نمبر نیشنل آرکائیوز آف انڈیا میں محفوظ ہے۔

چوتھا اخبار جنوری ۱۸۵۴ میں جاری ہوا۔ اس کے مالک و مہتمم سید جمیل الدین خاں ہجر تھے۔ جو ۱۸۵۷ کے انقلاب میں بے حد مقبول تھا۔ باقی دونوں اخبار ایک ہی نام سے ایک دوسرے کے دوش بدوش ۱۸۵۷ کے انقلاب کے آخر تک نکلتے رہے۔ لیکن مقبول عام 'صادق الاخبار' وہی تھا جسے سید جمیل الدین خاں نکالتے تھے۔

۱۸۵۷ میں بغاوت کے سلسلے کی جو دستاویزیں محفوظ ہیں، اس میں "۲۴ جون ۱۸۵۷ جو بہادر شاہ ظفر نے ایک شخص جمیل الدین کو اجازت دی کہ وہ ایک اخبار جاری کرے۔ لیکن ساتھ ہی ہدایت صادر کی کہ اس میں نہ جھوٹی خبریں چھاپی جائیں اور نہ ایسے بیانات درج کیے جائیں جن میں معززافراد کے اخلاق پر بالواسطہ یا بلاواسطہ حملہ کیا گیا ہو۔" بقول عتیق صدیقی خدا جانے وہ اخبار جاری ہوا یا نہیں اور اگر جاری ہوا تو کس نام سے۔

صادق الاخبار، دہلی اپنے عہد کا دوسرا بڑا اخبار تھا۔ اس میں بیرونی خبروں کے علاوہ ہندوستان کے مختلف علاقوں کی خبروں کے ساتھ ایک اشتہار بھی شائع ہوتا تھا۔ غزلیں، مثنویاں، قطعات، مسدس اور مرثیے ہوتے تھے۔ اس میں اچھے اچھے مضمون اور مسلمانوں کی دلچسپی کا مواد انگریزی اخباروں سے بھی ترجمہ کر کے چھاپا جاتا تھا۔ اس کی اشاعت اپنے تمام ہم عصروں سے زیادہ تھی اور خریداروں کے حلقے

سے قارئین کا حلقہ بہت زیادہ بڑا تھا کیونکہ ایک ایک اخبار کئی کئی لوگ پڑھتے تھے۔ اس میں ایران اور روس کے بارے میں جتنے مضامین چھپتے تھے ان کا انداز تحریر اور لہجہ انگریزوں کے خلاف ہی نہیں بلکہ تلخ بھی تھا۔

'صادق الاخبار' کا شمار اپنے دور کے نمائندہ اخباروں میں ہوتا تھا۔ اس کا ایڈیٹر و مالک خوددار انسان تھا۔ ملک اور قوم سے اس کو محبت تھی، ظلم و ناانصافی برداشت نہیں کرتا تھا۔ اس اخبار نے اوراس کے ایڈیٹر نے جنگ آزادی ۱۸۵۷ کو کامیاب کرنے کی سعی کی اور قلم کے جوہر دکھائے۔ جس کی پاداش میں اس کو اسیر فرنگ بھی بننا پڑا۔

جنگ کی ناکامی کے بعد بہادر شاہ پر مقدمہ قائم کیا گیا تو 'صادق الاخبار' کے چند مضامین کو سرکاری وکیل نے بطور شہادت استغاثہ فراہم کیا تھا۔ خواجہ حسن نظامی نے اپنی کتاب 'بہادر شاہ کا مقدمہ' میں سرکاری حوالوں سے 'صادق الاخبار' پر روشنی ڈالی ہے اور لکھا ہے کہ بہادر شاہ ظفر کے مقدمہ میں 'صادق الاخبار' کو بہت گرم اور منہ زور اخبار بیان کیا گیا تھا۔ دہلی کا چنی لال نامی ایک شخص قلمی اخبار نکالتا تھا۔ اس نے بیان دیا ہے کہ "مجھے یاد ہے، بعض مواقع پر میں نے کارتوسوں کے مسئلے اور اس پر فوج کے باغیانہ جذبے کی طرف بھی اشارے کیے تھے..... اس نے یہ رائے بھی ظاہر کی کہ ایران و روس کے بارے میں جتنے مضامین چھپتے تھے ان کا انداز تحریر اور لہجہ انگریزوں کے خلاف ہی نہیں بلکہ تلخ بھی تھا۔ جب حکیم احسن اللہ خاں سے 'صادق الاخبار' کے بارے میں دریافت کیا گیا تو کہا کہ بہادر شاہ ظفر 'صادق الاخبار' کا باقاعدہ مطالعہ نہیں کرتا تھا۔ البتہ یہ ممکن ہے وقتاً فوقتاً اس کے

بعض اقتباسات اس تک پہنچادیے جاتے ہوں۔ میں نے خود یہ اخبار کبھی نہیں پڑھا۔ لیکن سنا ہے کہ اس اخبار میں عام طور پر یہی بتایا جاتا تھا کہ ایرانی انگریزوں کو شکست دے رہے ہیں۔ شہزادے اس کی خبروں کو اہمیت دیتے تھے اوران کی صحت پر یقین رکھتے تھے۔'

مقدمے کے گیار ہویں دن (یعنی ۹ فروری ۱۸۵۸) کی کار روائی میں قلمی اخبار کے رپورٹر چنی لال پر وکیل سرکار نے جرح کی جس کی تفصیل کچھ اس طرح ہے:

سوال: کیا دہلی سے کوئی ایسے اخبار نکلتے تھے جن کا منشاء گورنمنٹ برطانیہ کی مخالفت ہو؟

جواب: ایسا ایک پرچہ تھا جمیل الدین کی طرف سے ہفتہ وار شائع ہوتا تھا۔ اس کے مضامین گورنمنٹ سے عداوت ظاہر کرتے تھے اوراس کو 'صادق الاخبار' کہتے ہیں۔

سوال: کیا یہ پرچہ کثرت سے شائع ہوتا تھا اور چھپا ہوا ہوتا تھا۔

جواب: اس کی تعداد اشاعت شہر میں اور شہر کے باہر دو سو تھی اور لیتھو پریس میں طبع ہوتا تھا۔

سوال: کیا یہ پرچہ اپنی ہفتہ وار اشاعت پر اکتفا کرتا تھا یا خبریں بہم پہنچنے پر ضمیمے بھی نکالا کرتا تھا؟

جواب: جی ہاں، غیر معمولی خبریں آنے پر ضمیمہ جات بھی شائع کرتا تھا۔

سوال: کون اور کس طبقے کے افراد میں اس کی اشاعت زیادہ ہوتی تھی؟

جواب: ہر طبقے میں بلا تخصیص مذہب کے یہ مقبول تھا۔

سوال: اتنے بڑے شہر دہلی کے لیے مقبول عام اخبار کی دوسو کاپیاں تو بہت کم ہیں۔ کیا یہ ہندوستانیوں کے مزاج میں ہے کہ ایک اخبار کئی لوگوں کو سنانے کے لیے خرید لیا جائے۔ ایک پرچہ کس طرح میں مروج ہے کئی خاندانوں کے لیے کافی ہوتا ہوگا؟

جواب: جی ہاں خریدار پڑھ کر اپنے اپنے پرچے دوستوں اور عزیزوں کو پڑھنے کے لیے دے دیتے ہیں۔

سوال: کیا دہلی میں 'صادق الاخبار' مقتدر آرگن مانا جاتا تھا اور تعداد اشاعت میں دوسرے پرچوں سے بڑھ کر تھا؟

جواب: جی ہاں یہ مقتدر آرگن خیال کیا جاتا تھا۔ اس کے مضامین نہایت عمدہ اور انگریزی اخبارات کے اقتباس ہوتے تھے۔ یہ مسلمانوں میں بہت منظور نظر تھا۔ دیگر اخبارات سے اس کی کثرت اشاعت میں توازن تو میں نہیں کر سکتا البتہ وہ بہ نسبت کسی ہندوستانی ہم عصر کے زیادہ طبع ہوتا تھا۔

سوال: تم نے بیان کیا کہ وہ گورنمنٹ برطانیہ سے عداوت رکھتا تھا۔ کیا تمہیں کوئی خاص مضمون یاد ہے جس میں ایسے جذبات کو ظاہر کیا گیا ہو؟

جواب: میں ایسا کوئی خاص مضمون یاد نہیں رکھ سکا جس میں ایسے جذبات کو زیادہ وضاحت سے ظاہر کیا گیا ہو۔ لیکن ایران وروس کے متعلق جو کچھ لکھتا تھا اس میں انگریزوں کے لیے الفاظ سخت برتتا تھا۔

سرکاری وکیل نے مقدمہ بہادر شاہ ظفر میں بحث کے دوران 'صادق

الاخبار' کے اقتباسات نقل کرتے ہوئے کہا کہ::

"حضرات آپ کو یاد ہو گا صادق الاخبار کی کاپیاں محل میں جایا کرتی تھیں اور ہر شخص ان خوشیوں کا اندازہ لگا سکتا ہے جو ایسی خبریں پڑھ کر ہو سکتی ہیں خصوصاً اس قسم کی خبریں کہ زار روس چار لاکھ جرار لے کر آرہا ہے نیز تسخیر ہند کے لیے ایرانیوں کی مدد پہنچنے والی ہے وغیرہ اور صرف اہل قلعہ یا شہزادوں ہی کو ان خبروں کو سننے سے خوشی نہیں ہوتی تھی بلکہ تمام آبادی ایسی خبروں کو سنتی تھی اور مارے خوشی کے پھولے نہیں سماتی تھی۔

سرکاری وکیل میجر ایف جی ہیریٹ نے فوجی عدالت میں جو طویل بیان دیا اس میں ۱۸۵۷ کے انقلاب کی وجوہ پر روشنی ڈالتے ہوئے یہ ثابت کرنے کی بھرپور کوشش کی کہ یہ انقلاب جن وجوہ کی بنا پر برپا ہوا، اسے شہ ملی، اس میں قلعہ معلی اور صحافت کے درمیان سازش کارفرما تھی۔ ۱۸۵۷ سے قبل کے اخباری تراشوں کا حوالہ دیتے ہوئے وکیل استغاثہ نے دلیل دی کہ اخبارات نے جنوری کے مہینے میں یہ خبر درج کی کہ روس اور ترکی انگریزوں کے خلاف جنگ میں ایران کی مدد کریں گے اور شہنشاہ روس نے چار لاکھ سپاہیوں پر مشتمل فوج اس مہم کے لیے تیار کی ہے۔ اسی اخبار نے بتایا کہ شاہ ایران نے فیصلہ کر لیا ہے کہ کون کون سے درباری کو ممبئی، کولکتہ اور پونہ کی گورنری سونپی جائے اور اس نے وعدہ کیا ہے کہ بادشاہ ہندوستان بھر کا بادشاہ ہو گا۔

بادشاہ اور شہزادے اس اخبار کو بہت شوق سے پڑھتے تھے اور عوام میں بھی اس کی ازحد مقبولیت تھی.... اور اسباب غدر میں ایک سبب یہ اخبار اور اس کی

پرجوش خبریں اور تحریریں بھی سمجھی گئی تھیں۔

جنگ آزادی کے بعد اس پر بغاوت کا مقدمہ چلایا گیا کمپنی اوران کے مخبروں نے یہ ثابت کرنے کی کوشش کی کہ لوگوں کو بھڑکانے اور بغاوت پر آمادہ کرنے میں سب سے زیادہ اسی اخبار نے حصہ لیا ہے۔

نیشنل آرکائیوز آف انڈیا، نئی دہلی میں "صادق الاخبار" کے تقریباً بارہ شمارے موجود ہیں۔ ان میں محمد عتیق صدیقی نے جلد چہارم کے ابتدائی چھ شماروں (۶جولائی، ۲۰جولائی، ۲۷جولائی، ۳اگست، ۱۰اگست اور ۱۷اگست) کا مکمل متن اپنی کتاب 'اٹھارہ سوستاون اخبار اور دستاویز' میں محفوظ کر دیا ہے۔ البتہ دیگر شمارے دستیاب نہیں ہوئے ہیں۔ ایک مختصر کتاب خواجہ حسن نظامی نے 'غدر دہلی کے اخبار' کے نام سے مرتب کی ہے۔ یہ کتاب مع مقدمہ ۲۶ صفحات پر مشتمل ہے۔ اس مجموعے میں کل تیرہ اقتباسات ہیں۔ یہ تمام اقتباسات بہادرشاہ بادشاہ دہلی کے مقدمہ میں پیش کیے گئے تھے جو ۱۸۵۷ میں بعد خاتمۂ غدر دہلی کے بادشاہ پر انگریزوں کی طرف سے قائم کیا گیا تھا۔ اس میں جنوری ۱۸۵۷ سے لے کر ستمبر ۱۸۵۷ کے اقتباسات جمع کیے گئے ہیں۔ گویا جنگ کے چار مہینہ پہلے کے مضامین بھی اس میں ہیں اور عین جنگ کے دن کے اقتباس بھی ہیں اور پھر جنگ کے بعد چار مہینے تک کے اقتباسات ہیں۔

بہادرشاہ کے خلاف مقدمے کی روداد میں اخبارات دہلی سے چودہ اقتباسات دیے گئے ہیں۔ اصل اردو اور فارسی کے اقتباسات کا ریکارڈ موجود نہیں، صرف انگریزی تراجم موجود ہیں۔ خواجہ حسن نظامی مرحوم نے انہی کو دوبارہ ترجمہ کرا کے

'غدر دہلی کے اخبار' کے نام سے چھاپ دیا تھا۔ ترجمے میں جا بہ جا سقم ہے، بلکہ بعض جگہ تلخیص بھی کر دی گئی ہے۔ یہ اقتباس خاصے طویل ہیں۔ زیادہ تر 'صادق الاخبار' سے ہیں۔ باقی 'اردو اخبار' اور 'خلاصۃ الاخبار' سے لیے گئے ہیں۔ چودہ میں سے سات اقتباس جنگ سے پہلے کے ہیں، سات دوران جنگ کے۔ تمام اقتباسات جنھیں سرکاری وکیل نے بہادر شاہ ظفر کے مقدمے میں بطور ثبوت پیش کیا تھا۔ جو ایک ضخیم کتاب 'ٹرائل آف بہادر شاہ' کے نام سے انگریزی میں شائع ہوئی تھی اور دہلی کی سرکاری لائبریری میں بھی اس کی اصل انگریزی کاپی موجود ہے۔ لیکن اس کا نہ ترجمہ درست ہے، نہ ایڈٹنگ صحیح ہے۔ ان اقتباسات کے متعلق خواجہ حسن نظامی کا کہنا ہے کہ:

"سمجھ میں آ سکتا ہے کہ کئی کئی دفعہ کی الٹ پھیر میں 'صادق الاخبار' کی اصلی طرز تحریر کا رنگ بالکل بدل گیا ہوگا اور وہ کیفیت ترجمہ کے اس تیسرے قالب میں نہیں آ سکتی جو 'صادق الاخبار' کی اصل اردو میں ہو گی۔"

خواجہ حسن نظامی نے اس کتاب میں یہ ثابت کرنے کی کوشش کی ہے کہ مدیر سید جمیل الدین خاں ہجر انگریز دشمن نہ تھے یا انہوں نے اپنے اخبار کے ذریعے ۱۸۵۷ کی جنگ میں انگریزوں کے خلاف نفرت و عداوت پیدا کرنے کوشش کی ہو۔ خواجہ حسن نظامی نے کتاب کے مقدمہ میں لکھا ہے:

"اس اردو پرچے 'صادق الاخبار' کا اڈیٹر برطانوی گورنمنٹ کا دشمن نہ تھا۔ ایسا کوئی مضمون یا کوئی خبر شہادت میں پیش نہیں ہوئی جس میں اڈیٹر نے برطانیہ کے خلاف کچھ لکھا ہو یا انگریزوں کے خلاف نفرت و عداوت پیدا کرنے کی کوشش اس

سے پائی جاتی ہو۔ 'صادق الاخبار' نے صرف ایران وکابل وروس کی خبریں لکھی ہیں اور ان پر رائے زنی کرنے میں ایک سچے اور صاف گو اخبار نویس کی طرح لکھ دیا ہے کہ برطانوی قوت بہت بڑی ہے اوراس کو خطرے میں سمجھنا غلطی ہے۔ اس اخبار نے اپنے ناظرین کو خوش کرنے کے واسطے بے عقلی کی کوئی بات نہیں لکھی اور جس چیز میں خلاف عقل مبالغہ معلوم ہوا۔ اس کی پر زور تردید کر دی اور برطانوی حکومت کا زوراوراس کی خوبیاں ناظرین کو صاف بتادیں تاکہ ان خبروں سے مغالطے پیدا نہ ہوں۔

خواجہ حسن نظامی نے اپنے مقدمہ میں 'صادق الاخبار' کو ایک مصلحت پسند اخبار ثابت کرنے کی کوشش کی ہے اور کئی دلائل بھی پیش کیے ہیں جو بہادر شاہ ظفر کے مقدمے میں اس اخبار کے اقتباسات کو استغاثے کی تائید کے خلاف عقل قرار دیا ہے کیونکہ ان کے اس اخبار نے افواہوں کی اعلانیہ تکذیب کی ہے اور ان کے خلافِ عقل بتایا ہے۔ خواجہ حسن نظامی نے اپنی کتاب میں عین جنگ کے دن کے اقتباسات کے حوالے دے کر یہ ثابت کیا ہے کہ اس میں حکومت کے خلاف ایک لفظ بھی نہیں ہے:

"بہت تعجب خیز نکتہ ان اقتباسات میں یہ ہے کہ 'صادق الاخبار' کے وہ مضامین بھی منتخب کیے گئے ہیں جو عین غدر کے دن اور غدر کے چار مہینہ بعد شائع ہوئے مگر ان مضامین میں بھی برٹش گورنمنٹ کے خلاف ایک لفظ نہیں ہے۔ حالانکہ اخبار نویس کو غدر کے بعد جبکہ انگریزوں کا نشان بھی باقی نہ رہا تھا اور تمام ملک میں برٹش سلطنت ایک امید و بیم بلکہ نابود ہونے کے خطرے میں پڑی ہوئی

تھی اور جبکہ ہندو مسلمان دونوں انگریزوں کے خلاف مضامین چھپنے سے خوش ہو سکتے تھے اور جبکہ ایڈیٹر کو بظاہر اسباب انگریزوں کا کچھ خوف باقی نہ رہا تھا۔ پھر بھی 'صادق الاخبار' میں برٹش گورنمنٹ کے خلاف کوئی مضمون نہیں چھپا۔ اگر چھپتا تو سرکاری وکیل اس کو استغاثہ کی شہادت میں ضرور شریک کرتا۔"

یہی نہیں بلکہ خواجہ حسن نظامی نے 'صادق الاخبار' کے ایڈیٹر کو دور اندیش، گہری نظر والا اور نہایت تجربہ کار شخص قرار دیا ہے۔ ان میں جوش اور جذباتیت برائے نام بھی نہیں تھا۔ جنگ کے حالات کو بہت محتاط ہو کر اور عقل کی کسوٹی پر پرکھ کر دیکھ رہے تھے۔ خواجہ حسن نظامی ایڈیٹر کو ایک بلند اخلاقی قوت کا مالک قرار دیتے ہوئے یوں رقمطراز ہیں:

"صادق الاخبار کی اس خاموشی واحتیاط سے اس امر پر بھی روشنی پڑتی ہے کہ اس کے اڈیٹر کی نظر بہت گہری تھی اور وہ نہایت تجربہ کار اور فوجی و ملکی حالات کا بہت اچھا مبصر تھا اور اس نے سمجھ لیا تھا کہ موجودہ غدر برٹش سلطنت کا کچھ نہیں بگاڑ سکتا اور ہندوستان کی فوج وسیاسی تدابیر انگریزوں کے فوجی اور سیاسی توڑ جوڑ پر فتح نہیں پا سکتیں۔ اس واسطے اس نے کوئی مضمون غدر کرنے والوں اور ان کے حامیوں کی تائید میں نہیں لکھا۔ یہ بات بھی ہندوستانی اخبار نویسوں کے لیے باعث فخر ہو سکتی ہے کہ ان میں اس دل و دماغ کے اڈیٹر ہو سکتے ہیں جیسا کہ 'صادق الاخبار' کا اڈیٹر تھا۔"

لیکن 'بغاوت ہند' کے بیان سے 'صادق الاخبار' کے متعلق کچھ دوسرا ہی رخ سامنے آتا ہے:

"صادق الاخبار، دہلی میں ایک اخبار نکلتا تھا۔ جس کا مہتمم جمیل الدین تھا جس کو اس جرم میں کہ وہ سرکار کی بدخواہی کی خبریں جھوٹی گڑھ کر لکھا کرتا تھا۔ تین برس کی قید ہوئی۔ اس کے پرچوں اور دہلی سے اردو اخبار کے پرچوں سے بہت سی خبریں دستیاب ہوئیں۔ اخباروں نے دلیلوں کی پیشین گوئی بھی برٹش گورنمنٹ کے ختم ہونے کی چھاپی تھیں۔ اخباروں میں سید نعمت اللہ شاہ متخلص ولی ہانسوی کے قصیدے کے اشعار لکھے جاتے تھے یہ قصیدے بھی عجیب ہیں کہ جو واقعات ہوتے جاتے ہیں وہ قصیدے کے دم چھلا بنائے جاتے ہیں۔ اور ولی کی پیشین گوئیاں یقین کی جاتی ہیں۔"

مولوی ذکاء اللہ نے بھی اپنی کتاب 'تاریخ عروج انگلیشیہ' میں لکھا ہے کہ صادق الاخبار دہلی میں ایک اخبار نکلتا تھا جس کا مہتمم جمیل الدین تھا۔ جس کو اس جرم میں کہ وہ سرکار کی بدخواہی کی خبریں جھوٹی جھوٹی گڑھ کر لکھتا تھا تین برس قید ہوئی۔ اس کے پرچوں میں سے اور 'دہلی اردو اخبار' کے پرچوں میں سے بہت سی خبریں انتخاب ہوئیں اور ان کا ترجمہ کورٹ میں بروقت تحقیقات پیش ہوا۔

لیکن 'صادق الاخبار' کے دیگر شماروں سے یہ واضح ہوتا ہے کہ 'صادق الاخبار' نہایت جری، بیباک، جنگ آزادی کا علمبردار اور انگریز دشمن اخبار تھا۔ ۱۸۵۷ کی جنگ آزادی کے چھڑتے ہی اس اخبار کی حمایت و ہمدردی مغل فرمارو ابہادر شاہ ظفر سے وابستہ ہو گئی تھی اور اس نے اعلانیہ بادشاہ بہادر شاہ ظفر کی فتح یابی کی نوید دینی شروع کر دی تھی۔ یہ اخبار ہر ممکن کوشش کرتا تھا کہ یہ آزادی کی جنگ کامیاب ہو اور ہندوستان سے انگریزوں کے اقتدار کا خاتمہ ہو۔

۱۸۵۷میں جنگ آزادی کے شعلے بلند ہوئے تو'صادق الاخبار'(دہلی) نمایاں طور پر سرگرم ہو گیا۔ جنگ کی ابتدا ہی سے ان میں غم وغصے کے دبے ہوئے طوفان دیکھے جاسکتے ہیں۔ جیسے جیسے بغاوت رونما ہوئی صادق الاخبار نے فرنگیوں کے خلاف باغیانہ تیور دکھانا شروع کر دیا۔ اخبار نے اپنے صفحات کو جنگ کی خبروں کے لیے وقف کر دیا تھا۔ یہ ایک ایسا اخبار تھا جس نے کھل کر باغیوں کی حمایت کی۔ ہندوستانیوں پر ہو رہے مظالم اور سرکار کمپنی کی بد انتظامی کا پردہ فاش کرنے میں کوئی کسر باقی نہ رکھی۔ یہ اخبار بہت بے باکی سے اپنی رائے کا اظہار کیا کرتا تھا۔ مجاہدین میں آزادی کا جذبہ بیدار کیا۔ مجاہدین کی ہمت بڑھانے کے لیے خبریں اوراپیلیں شائع کیں۔ غیر ملکی فوجوں کی آمد کی اطلاع چھاپی جاتی تھی۔ دہلی کی جنگ آزادی میں مجاہدین دشمنوں کا قلع قمع کرتے، ایسی خبروں سے بھی اخبار کو مزین کیا جاتا تھا۔

مئی ۱۸۵۷کے قبل سے ہی ہندوستان میں بے چینی اوراضطراب کے اسباب ومحرکات پورے زوروشور سے کارفرما تھے کہ کارتوس کاواقعہ رونما ہوا۔ انگریزی سرکار نے دیسی فوجیوں کوسوراور گائے کی چربی لگی ہوئی کارتوس استعمال کے لیے دی تھی۔ چونکہ نئے کارتوسوں کواستعمال کرتے وقت دانتوں سے کاٹنا پڑتا تھا۔ لہٰذا افواہ پھیلی کہ اس طرح انگریز ہندوؤں اور مسلمانوں کے مذہب میں خلل ڈالنا چاہتے ہیں۔ جس کی وجہ سے سپاہیوں میں کافی ناراضگی اور بے چینی پیدا ہوگئی تھی اورپورے ملک میں بغاوت کی شکل لے لی تھی۔ ۲۰ اپریل۱۸۵۷ کے 'صادق الاخبار'میں انبالہ اورسیالکوٹ کے کارتوس کے ضمن میں انحراف اور آگ زنی کے متعلق ایک خبر ملتی ہے۔ کیونکہ انبالہ میں بھی کارتوسوں کی ٹریننگ کا مرکز قائم کیا

گیا تھا اور کمانڈر انچیف جنرل آنسن یہیں مقیم تھا، یہاں دیسی سپاہ کے افسروں نے کارتوسوں پر بے چینی کا اظہار کیا اور کارتوس کاٹنے والوں کو عیسائی ہو جانے کے طعنے دیے۔ مسٹر کے۔ سی۔ یادو نے اپنی انگریزی کتاب 'ہریانہ میں ۱۸۵۷' میں تفصیل سے کارتوسوں کے واقعات سرکاری ریکارڈ کے حوالوں سے بیان کیے ہیں۔ چنانچہ ۲۰ اپریل ۱۸۵۷ کے 'صادق الاخبار' کے شمارے میں فرینڈ آف انڈیا کے حوالے سے لکھا ہے کہ تمام سپاہ نے نئے کارتوس استعمال کرنے سے انکار کر دیا ہے۔ اس وجہ سے وہاں فساد ہو گیا ہے نیز کچھ پلٹنیں جو بنگال گئی تھیں، ان میں سے ایک تو موقوف ہو گئی ہے اور اس کے افسروں کو پھانسی دے دی گئی۔ صادق الاخبار کی خبر یوں ہے:

"سرکشی افواج انبالہ: صاحب فرینڈ آف انڈیا تحریر کرتے ہیں کہ ان دنوں تمام سپاہ انگریز نے نئے کارتوسوں سے سرتابی کرنا شروع کر دی ہے چنانچہ چند روز ہوئے کہ علاقہ بنگال میں کچھ پلٹنیں پھر گئی تھیں۔ ایک تو ان میں سے موقوف ہوئی اور اس کے افسران کو بھی پھانسی کا حکم ہوا تھا— پلٹن گورکھا نمبر ۱۶ مقیم انبالہ نے بروقت قواعد عمل درآمد کا کارتوسوں سے انکار کیا۔ افسر شاہی نے ایک ہندوستانی توپ کو حکم زیر کرنے سرکش پلٹن کا دیا اور ان پر فیر کرنے شروع کر دیے۔ کہتے ہیں کہ اس طوفان بے تمیزی میں ایک بارک گوروں کی پچھلی رات جل کر خاک ہو گئی اور ایک ہندوستانی پیادوں کا ڈیرہ جو کہ فاصلہ میل بھر کا رکھتا تھا پھنک گیا۔ ازروئے ایک چٹھی سیالکوٹ کے ظاہر ہوا کہ یہاں کے سپاہی بھی نئے کارتوسوں کی قواعد سے بگڑتے ہیں اور بجائے دانتوں کے ہاتھوں سے

کارتوس توڑتے ہیں۔ لوگوں کے دل کا شک ابھی رفع نہیں ہوا۔"

ہندوستان کی آزادی کے لیے ملک میں پیہم کوششیں کی گئیں اوراعلانات اوراشتہارات شائع کیے گئے۔ بعض مؤرخوں نے ایک اشتہار کا ذکر کیا ہے جو کسی ایرانی شہزادے کے خیمے سے جنگ ایران کے زمانے میں برآمد ہوا جس میں ایران اورافغانستان کے حالات بتاتے ہوئے انگریزوں کے خلاف جہاد کی دعوت دی گئی تھی۔ یہ ضرور سچ ہو سکتا ہے کہ جنگ ایران کے دوران شاہ ایران نے بہادر شاہ سے خط و کتابت کی اور ایک نمائندہ دہلی سے ایران بھیجا گیا۔ اسی زمانے میں کچھ اشتہارات دہلی میں چسپاں کیے گئے۔ جامع مسجد کے دروازے پر ایک اشتہار پایا گیا جس میں ڈھال اور تلوار کی شکل بنی ہوئی تھی۔ اس میں کہا گیا تھا کہ شاہ ایران عنقریب آنے والے ہیں اور مسلمانوں کو چاہیے کہ انگریزوں سے جہاد کے لیے تیار ہو جائیں۔ مٹکاف نے بہادر شاہ کے مقدمے میں بیان دیتے ہوئے کہا ہے کہ اس پر پانچ سو مسلمانوں نے جہاد پر آمادگی ظاہر کی تھی۔ کہا جاتا ہے کہ بغاوت سے چند روز پہلے بھی ایک اشتہار جامع مسجد میں چسپاں کیا گیا جس میں بغاوت کی جانب اشارہ تھا۔ دہلی میں دوسری جگہوں پر بھی اشتہارات لگائے گئے۔ ساور کرنے بھی اپنی کتاب میں دہلی کے عوام کے جذبات اوراشتہارات کا ذکر کیا ہے۔ یہ اشتہار تین گھنٹے تک چپکا رہا، لیکن جب مجسٹریٹ کو اطلاع ملی تو اس نے فوراً ہی اکھڑوا ڈالا۔ ان کا ذکر اس دور کے بیشتر اخبارات میں بھی ملتا ہے۔ صادق الاخبار میں بھی کئی اشتہاروں کا ذکر ملتا ہے۔ ۱۶ مارچ ۱۸۵۷، جلد ۳ 'صادق الاخبار' کے شمارے میں ایک اشتہار شائع ہوا تھا جس میں ہے کہ شاہ ایران نے ہراتی کے چند سرداروں

اور کئی اراکین سلطنت کو دربار میں بلا کر جنگ کے سلسلے میں صلاح ومشورہ کیا تھا ہر ایک وزرا نے یہ صلاح دی کہ اب انگریزوں سے جنگ کریں ان شاء اللہ فتحیاب ہوں گے۔ یہ سن کر شاہ ایران نے کہا کہ اگر مجھے ہندوستان پر فتح نصیب ہوئی تو میں تم لوگوں کو وہاں کا صوبے دار بناؤں گا۔ وہ خبر اس طرح درج ہے:

"تازہ بمبئی پیر مصدورہ دفتر صادق الاخبار سے منکشف ہوا کہ ایک روز شاہ ایران نے سرداران ہراتی اور کئی اراکین سلطنت کو دربار میں طلب کر کے دربار جنگ ایران مشورت کی اور بعد غور و تامل ہر ایک نے یہی صلاح دی کہ آپ گورنمنٹ سے لڑیے۔ ان شاء اللہ فتح پائے گا۔ کس لیے کہ ہرات آپ نے نہیں تسخیر کی بلکہ دروازۂ ہند پر جا پہنچے علاوہ بریں مرضی شاہ روس کی بھی یہی ہے کہ انگریزوں سے آپ لڑیں اور ہندوستان پر قبضہ کریں۔ شاہ نے یہ کلام ان کا سن کر قسمیہ کہا کہ میں تم سے بہت خوش ہوں کہ بر خلاف وزیر نمک حرام کے صلاح دیتے ہو اور وعدہ کیا کہ جس وقت میں ہندستان میں پہنچا تو تم کو ضرور صوبیدار بناؤں گا اور شاہ دہلی کو تاج بخشی کروں گا۔"

در اصل شہر میں جب بہادر شاہ ظفر کے شیعہ مذہب قبول کرنے کی خبر گرم ہوئی لہٰذا شیعہ ہونے کے ناطے شاہ ایران، بادشاہ کی مدد کو آئیں گے اور انہیں انگریزوں کے چنگل سے آزاد کریں گے۔ چنانچہ غدر کے زمانے میں ان اخبارات میں بھی اس قسم کی خبریں شائع ہوتی رہتی تھیں۔ مارچ ۱۸۵۷ میں شاہ ایران کی طرف سے جاری کیے گئے ایک اعلان کی کاپیاں گلیوں اور سڑکوں پر چسپاں کی گئی تھیں۔ چنانچہ ان کا انداز اسلوب اور لہجہ انگریزوں کے خلاف ہی نہیں بلکہ تلخ بھی

تھا۔ دوسرا اشتہار بہ نام نہاد شاہ ایران کا جامع مسجد دہلی کی دیوار پر چسپاں کیا گیا تھا کہ اہل اسلام و ہندو، عیسائیوں کی مدد معاونت سے باز رہیں۔ ان شاء اللہ بہت جلد میں سریر ہند پر جلوہ گر ہوں گا۔ وہاں کے بادشاہ اور رعیت کو شادمان کروں گا۔ مجھے کسی کے مذہب سے کوئی غرض نہیں۔ سب اپنے اپنے مذہب کی حمایت کے لیے اٹھ کھڑے ہوں، ہتھیار اٹھالیں، اور جہاد کریں۔ خبر ملاحظہ ہو:

"ایک اشتہار نام نہاد شاہ ایران دہلی میں گزر گاہوں پر آویزاں کیا گیا ہے ..... خلاصہ مضمون اس کا یہ ہے کہ اہل اسلام کو نصارا کی مدد و معاونت سے پرہیز کرنا واجب ہے اور مناسب ہے کہ حتی المقدور مسلمانوں کی نیک خواہی میں مساعی اور عرق ریز رہیں۔ ان شاء اللہ تعالیٰ قریب ہے کہ میں سریر ہند پر جلوہ گر ہوتا ہوں اور وہاں کے بادشاہ و رعیت کو خرد مند و شادماں کرتا ہوں جیسا کہ انگریزوں نے ان کو نان شبینہ سے محتاج کیا ہے۔ مجھ کو کسی کے مذہب سے کوئی غرض نہیں۔ پس واجب ہے کہ بوڑھے جوان، ادنیٰ، اعلیٰ، عقل مند، کم فہم، کسان اور سپاہی سب کے سب بے پس و پیش اپنے ہم مذہبوں کی حمایت کے لیے اٹھ کھڑے ہوں، ہتھیار باندھ لیں علم اسلام بلند کریں۔ اور اپنے ہم قوموں کو بھی راہ خدا میں جہاد کرنے کی دعوت پہنچائیں۔"

شاہ ایران کے اس اعلان کے متعلق یہی مضمون کسی حد تک تبدیلی کے ساتھ دہلی کے دوسرے نامور اخبار 'خلاصتہ الاخبار' کی اشاعت مورخہ ۱۳ اپریل ۱۸۵۷ میں شائع ہوا تھا۔ خلاصتہ الاخبار کا اعلان یوں تھا:

"ایران: چند روز ہوئے کہ جامع مسجد کی دیوار پر ایک اعلان چسپاں کیا گیا تھا۔

اس پہ ایک تلوار اور ڈھال کی شکل بنی ہوئی تھی۔ اور یہ اعلان شاہ ایران کے پاس سے آیا ہوا بتاتے تھے۔ اس کا خلاصہ یہ تھا: "تمام سچے مسلمانوں کا مذہبی فرض ہے کہ کمربستہ ہو کر شاہ ایران کی اعانت کریں اور وفاداری سے اس کی حکومت و اختیار کو ملحوظ رکھیں اور انگریزوں سے جہاد کریں تا کہ انہیں تباہ و برباد کر کے اس کی عنایت کے مورد ہوں اور انعامات و خطابات حاصل کریں جو شاہ ایران فراخ دلی سے عطا کریں گا۔" پھر اعلان میں یہ بیان کیا گیا تھا کہ شاہ ایران یا جمشید ثانی بہت جلد ہندوستان آئے گا اور اس ملک کو خود مختار بنا دے گا اور ایران میں عوام الناس جمع ہو کر حسب ذیل فقرہ بار بار تکرار کرتے ہیں: "خدایا خاک ایران کو بد بختیوں کی ہوا سے بچائیو۔ جب کہ خاک و ہوا باقی رہیں۔"

مجسٹریٹ کی عدالت میں بیشمار گمنام درخواستیں وصول ہوئیں ہیں اور ان میں یہ بیان کیا گیا ہے کہ آج کی تاریخ سے ایک ماہ بعد کشمیر پر حملہ کیا جائے گا، جس کی فرحت افزائی اور خوبصورتی کا ایک شاعر نے یوں خاکہ کھینچا ہے: "اگر ایک بلبل بصورت کباب کشمیر میں لایا جائے تو کشمیر کی ہوا سے اس کے بھی بال و پر پیدا ہو جائیں گے۔"

محر راخباران تمام باتوں کو مزخرفات اور حمق پر مبنی سمجھتا ہے کیونکہ اگر ممالک حکومتوں کے ہاتھ سے یوں ہی نکل جایا کریں تو فوجوں کا کیا فائدہ؟"

اس زمانے میں آئے دن یہ خبر عام ہوتی جا رہی تھی کہ شاہ ایران ہندوستان فتح کرنے آ رہے ہیں اور ان کی فوجیں ہندستان کی سرحد میں پہنچ چکی ہیں۔ ۱۹ مارچ ۱۸۵۷ کے صادق الاخبار کے مطابق دہلی کی جامع مسجد سمیت شہر کے کئی

اہم مقامات پر محمد صادق خان کے نام سے شاہ ایران کی جانب سے ایک اعلان چسپاں کیا گیا تھا۔ جس کے مطابق سالم ایمان کے مالک افراد کو غیر ملکی عیسائیوں کی مدد کرنے سے گریز کرنا چاہیے اور اپنی تمام تر صلاحیتیں مسلمانوں کی فلاح و بہبود کے لیے استعمال کرنی چاہیے اور خدا نے چاہا تو ہم بادشاہ ایران ہندوستان کے تخت پر جلوہ افروز ہوں گے اور یہاں کی عوام اور بادشاہ کو خوش و خرم بنا دیں گے۔ ہندوستان کے باشندوں کو تمام تر وسائل کے باوجود انگریزوں نے مفلوک الحال بنا دیا ہے، ہم انہیں خوشحال بنادیں گے۔ ۱۹ مارچ ۱۸۵۷ کے صادق الاخبار میں اس اعلان کا خلاصہ اس طرح شائع ہوا تھا:۔

"اعلان شاہ ایران: اعلان شاہ ایران کی کئی کاپیاں گلیوں اور سڑکوں کے نکڑ پر چسپاں ہیں، میرے ایک دوست نے اس اعلان کی بعینہٖ ایک نقل کر لی ہے جو جامع کی پشت پر چسپاں ہے۔ اس اعلان کو متعدد آدمیوں نے دیکھا ہے، مختصراً اس کا ماحصل یہ ہے کہ جو لوگ مذہب حق کا دعوی کرتے ہیں ان کا فرض ہے کہ عیسائیوں کو مدد نہ دیں اور حق و راست پر ہونے کی وجہ سے مسلمانوں کی ترقی میں اپنی تمام طاقت صرف کر دیں اور وہ وقت قریب، آرہا ہے کہ جب مابدولت (شاہ ایران) تخت ہند پر متمکن ہوں گے اور رعایا کو اتنا ہی خوش حال بنا دیں گے جتنا کہ انگریزوں نے مفلوک الحال کر کے ذریعہ معاش سے محروم کر دیا ہے۔ ہم کسی کے مذہب میں دخل نہیں دیا کرتے ہیں اور نہ وہاں دیں گے۔"

صادق الاخبار کا ایڈیٹر آگے لکھتا ہے:

"یہ ایک شخص محمد صادق نامی جس کے ذریعہ سے یہ اعلان کیا گیا تھا کہ ٦ تاریخ

تک انیس ہزار ایرانی سپاہی مع چند معزز افسران کے ہندوستان میں داخل ہو چکے ہیں اور خاص دہلی میں پانچ ہزار سپاہی تبدیل لباس میں مختلف صورتوں میں موجود ہیں، وہ اپنی نسبت کہتا ہے کہ ۴/ مارچ کو میں دہلی پہنچا جہاں اعلان چسپاں کر دیے گئے ہیں۔ اس کا بیان ہے کہ ہر حصۂ ملک سے اس کے پاس خبریں آتی رہتی ہیں اور وہ ہر شہر کی باقاعدہ اطلاع شاہ ایران کے پاس روانہ کرتا رہتا ہے۔ آئندہ وہ ایرانی فوج کی نقل و حرکت بذریعۂ اعلان ہر فرد و بشر پر ظاہر کر دیا کرے گا۔"

لوگ کہتے ہیں کہ اعلان چند بے فکروں کا گھڑا ہوا ہے اور میں بھی ان کا ہم خیال ہوں کہ پوچھنا چاہتا ہوں کہ محمد صادق کے آخر دہلی آنے کا مدعا کیا ہے؟ اگر اس کا مقصد جنگ ہے تو اس طریقے سے اس کا آنا بے سود ہے۔ اگر وہ جاسوس کی حیثیت سے آیا تو اپنے آنے کو مشتہر کرنا بالکل بے عقلی اور مشن کے اخراجات میں بے کار روپیا ضائع کرنا ہے۔"

اس کے بعد ۲۲ مارچ ۱۸۵۷ کے صادق الاخبار میں اس خبر کا ذکر کرتے ہوئے اخبار کا ایڈیٹر لکھتا ہے کہ یہ اشتہار محمد صادق کے نام سے مرقوم ہے۔ اس خبر کے ذریعے لوگوں کو مطلع کیا گیا ہے کہ جو کوئی اس جعل ساز اور جھوٹے کو پکڑے گا اسے خاطر خواہ انعام دیا جائے گا:

"سابق میں چند مفسدین نے دہلی میں ہنگامہ برپا کرنے کے لیے یہ سمجھ کر کہ شہرت ہو گی، جامع مسجد کی پشت پر ایک اعلان شاہ ایران کی طرف سے منسوب کر کے پبلک کو مغالطے میں ڈالنے کے لیے چسپاں کر دیا تھا۔ جس شخص نے یہ اعلان مشتہر کیا ہے اپنا نام محمد صادق بتایا ہے۔ یہ کہا جاتا ہے کہ اس لغو ولایعنی بات سے

حکام دہلی بہت خفا ہیں۔ مجھے یقین ہے جو شخص اس جعل ساز کاذب کو گرفتار کرے گا خاطر خواہ انعام پائے گا لیکن خدا معلوم وہ اب ہاتھ بھی آئے گا یا نہیں۔ "

پنڈت برج موہن دتاتریہ کیفی نے اپنے ایک مضمون 'اب سے آدھی صدی پہلے کے اردو اخبار' میں صادق الاخبار کے مذکورہ اشتہار کے متعلق تفصیلی روشنی ڈالی ہے۔ انھوں نے صادق الاخبار کے حوالے سے لکھا ہے کہ "ایک شخص محمد صادق نامی جس کے ذریعے سے یہ اعلان کیا گیا کہ کہتا ہے کہ ۱۶ تاریخ تک ۹۰۰ ایرانی سپاہی مع چند معزز افسران کے ہندوستان میں داخل ہو چکے ہیں اور خاص دہلی میں ۵۰۰ سپاہی تبدیل لباس میں مختلف صورتوں میں موجود ہیں۔ وہ اپنی نسبت کہتا ہے کہ ۱۴ مارچ کو میں دہلی پہنچا، جہاں اعلان چسپاں کر دیے گئے ہیں۔ "

"اخبار مذکور کا حاشیہ اس اعلان اور محمد صادق کے بیان پر عجیب لیکن معنی خیز ہے، شروع میں یہ کہہ کر "لوگ کہتے ہیں یہ اعلان چند بے فکروں کا گھڑا ہوا ہے۔ "صاحب صادق الاخبار اس طرح رقمطراز ہے:

"ہندوستانی اسی وقت خوش ہوں گے کہ اگر شاہ ایران عباس شاہ صفی کی طرح ہمارے خاص بادشاہ کو سلطنت دیدے اور تعجب بھی نہیں جو وہ ایسا کریں کیوں کہ خود تیمور نے ایرانیوں کو سلطنت بخشی تھی اور نظر غائر ڈالنے سے معلوم ہوتا ہے کہ اسی احسان کے بدلے عباس شاہ صفی نے ہمارے ہمایوں کو مدد دی تھی۔ "

پنڈت برج موہن دتاتریہ کیفی آگے لکھتے ہیں::

"اگلی اشاعت مورخہ ۲۳ مارچ سنہ ۱۸۵۷ میں یہی اخبار محمد صادق کو جعلساز بتاتا ہے اور لکھتا ہے کہ "اگر گورنمنٹ کے ہاتھ لگ جائے تو ایک دو تلے

کا جوتہ سر کہ میں تر کیا ہوا اس کی ٹانٹ پر پڑے گا۔" مگر صادق الاخبار کا یہ فرمانا اور سر کہ میں جوتا تر کرنے کا نسخہ تجویز کرنا اس مشورہ کے مقابلہ میں جو انہوں نے شاہ ایران کو حضرت بہادر شاہ کے ہاتھوں میں ہندوستان کی سلطنت بخشنے کے بارے میں دیا ہے کوئی وقعت نہیں رکھتا۔ 'غدر' کو ابھی قریب تین مہینے ہیں اور دہلی میں یہ شغلے اٹھائے جا رہے ہیں۔ پھر اگر ایسٹ انڈیا کمپنی کے اہالیان بست وکشاد کو یہ شک ہوا کہ بہادر شاہ کمپنی کے خلاف ایران کے ساتھ سازش کر رہے تھے تو ذرا بھی تعجب کی بات نہیں۔ پہلے سنہ ۱۸۴۱ میں دہلی کا ریذیڈنٹ بادشاہ سے شکایت کر چکا تھا کہ وہ امیر دوست محمد خاں سے براہ راست خط کتابت کرتے ہیں جو نہیں ہونا چاہیے۔ اب غدر سے دو تین مہینے پہلے یہ ایران کا قضیہ اٹھایا گیا۔ چنانچہ ایک شاہزادہ بنارس میں گرفتار بھی کیا گیا جس پر یہ الزام تھا کہ بادشاہ کا مراسلہ لے کر ایران جا رہا تھا۔ اشتہار مذکور خواہ کسی کا طبعزاد ہو اخبار کی پہلی اشاعت کا نوٹ یقیناً نامناسب اور فتنہ انگیز ہے۔"

مولوی محمد ذکاءاللہ کی کتاب 'تاریخ عروج انگلیشیہ' میں بھی اس کا ذکر کیا ہے:

"ایک شخص نے اپنا فرضی نام محمد صادق رکھ کے جامع مسجد کے اندر دیواروں پر ایک اشتہار چسپاں کیا جس کے اوپر تلوار وسپر کی تصویر بھدی سی بنی ہوئی تھی اور اس کے مضمون کا خلاصہ یہ تھا کہ ایران کی سپاہ انگریزوں کے پنجہ سے ہندوستان کو چھڑانے آتی ہے۔ سب مسلمانوں پر فرض ہے کہ وہ جہاد کے لیے مستعد ہوں اپنا نام بھی اشتہار میں لکھ دیا۔ جب مجسٹریٹ دہلی کو اس اشتہار کی اطلاع ہوئی تو اس نے اشتہار کو اکھڑوا ڈالا۔ اشتہار تین گھنٹے چسپاں رہا ہو گا۔"

شاہ ایران کے اعلان تسخیر ہند کو اس زمانے کے سیاسی ماحول میں بے حد اہمیت حاصل تھی۔ ۱۰ مئی ۱۸۵۷ کو میرٹھ سے جنگ آزادی کی ابتدا ہو چکی تھی۔ فوجیں دہلی آ گئی تھیں۔ تمام شہر میں آزادی حاصل کرنے کی جد و جہد اور کشمکش جاری تھی۔

صادق الاخبار نے ایک انگریزی اخبار 'پنجابی' کے حوالے سے لکھا ہے کہ اس کے نامہ نگار کو شہزادے کے خیمے سے ایک اعلان دستیاب ہوا جس کا خلاصہ نامہ نگار مذکورہ نے بذریعہ تار برقی ایڈیٹر کو روانہ کیا ہے اور جسے اب ہدیہ ناظرین کیا جاتا ہے۔ جس میں ابو شہر، کراچی، سندھ اور دیگر علاقے کے سرداران کو ایران کے ساتھ ہندوستان میں انگریزوں کے خلاف آمادہ پیکار ہونے کے لیے کہا گیا ہے اور مسلمانوں کو انگریزوں کے خلاف جہاد کرنے پر ابھارا گیا ہے۔

بہر حال جیسا کہ گذشتہ اوراق پر ذکر آ چکا ہے کہ جنگ آزادی کے چھڑتے ہی اس اخبار کی حمایت و ہمدردی بہادر شاہ ظفر سے وابستہ ہو گئی تھی اور اس نے اعلانیہ بادشاہ بہادر شاہ ظفر کی فتح یابی کی نوید دینی شروع کر دی تھی۔ یہ اخبار ہر ممکن کوشش کرتا تھا کہ یہ آزادی کی جنگ کامیاب ہو اور ہندوستان سے انگریزوں کے اقتدار کا خاتمہ ہو۔ جب کہ بہادر شاہ ظفر کی شخصیت امداد غیبی کی حامی تھی۔ اس قسم کے خواب لوگوں کو نظر آتے تھے جس کو صادق الاخبار بھی شائع کرتا تھا۔ چنانچہ ایک ایسا خواب 'صادق الاخبار' کے ۱۴ ذی الحجہ ۱۲۷۳ھ بمطابق ۶ جولائی ۱۸۵۷ کے شمارے میں 'خواب' کے عنوان سے ہمیں پہلی خبر ملتی ہے۔ اس میں کسی صاحب کے خواب کا ذکر ہے۔ وہ صاحب فرماتے ہیں کہ میں نے خواب دیکھا کہ ایک بزرگ فرماتے ہیں کہ تم لوگ کیوں خوف زدہ ہوتے ہو، اللہ تعالیٰ نے

بادشاہت بہادر شاہ ظفر کے نام عطا کی ہے:

"ایک صاحب فرماتے ہیں کہ ان دنوں میں نے یہ خواب دیکھا کہ ایک بزرگ متبرک صورت میرے پاس آئے اور گویا ہوئے کہ تم لوگ کس لیے اتنا ڈرتے ہو۔ قادر الاطلاق نے تو بادشاہ ہند کی ابو ظفر محمد سراج الدین بہادر شاہ بادشاہ غازی کے نام عطا کر دی۔ میں یہ سن کر شکر خداوندی کا بجالایا اور استفسار کیا کہ حضرت یہ تو فرمایئے کہ آپ کے ہاتھ سیاہ کیوں ہو گئے ؟ یہ جواب سن کر خضر صورت ملایک سیرت بولے کہ اللہ تعالیٰ نے مجھے یہ خدمت دی ہے کہ تمھارے دشمن تم پر گولہ برساتے ہیں تو میں ہاتھوں میں روکتا ہوں اور یہی باعث ہے کہ رعایا دہلی میں سے کم لوگ ضائع ہوتے ہیں۔"

برٹش حکومت کے مخالفت میں صرف ہندوستان کی ہی عوام نہیں تھی بلکہ دوسرے ممالک ایران اور روس کی سلطنتیں بھی انگریزوں کی حکومت کے خاتمہ کے منصوبے بناتی تھیں۔ چنانچہ پشاور میں انگریزوں کی قتل وغارت گری اور پٹھانوں کا ہندوستان میں انگریزی حکومت پر حملہ کرنے اور دہلی میں آنے کی خبر ۶ جولائی ۱۸۵۷ کے صادق الاخبار کے شمارے میں شائع ہوئی تھی:۔

خبر پشاور: ایک دوست کی زبانی ایک قاصد آنے والے خاص پشاور کے راوی ہیں کہ کئی ہزار سپاہ نے بہت سے انگریزوں کو قتل کیا اور یہاں سید محمد اکبر والی سوات کو کہ بڑے دیندار ہیں تخت شاہی پر بٹھایا اور اس کا انتظام بخوبی کرا کر لاہور کو آن گھیرا۔ اب اہل لاہور محصور ہیں یقین کہ سپاہ منصورہ از راہ شجاعت ذاتی فتح حاصل کرے اور جو تھوڑے بہت گورے لب گور ہیں در گور ہوں کہتے ہیں کہ

سپاہ اہل اسلام جابجا تھانہ بادشاہی تابہ لاہور بٹھائی چلی آئی ہے اور ارادہ رکھتی ہے کہ بعد فتح لاہور مقام پٹیالہ و دیگر مقامات دشمنان شاہی کو زیر و زبر کر کے قدم بوسی حضورانور حاصل کرے۔ سنا گیا کہ اب گورے اور انگریز تمام پنجاب میں باقی نہیں رہے۔ اگر قدرے قلیل ہیں تو کرنال و علی پور میں۔ سو اب ان کا بھی محاصرہ ہوا جاتا ہے ہمارے اہل شہر خاطر جمع رکھیں کہ اللہ تعالیٰ مسلمانوں پر مہربان ہے اور جو وہ کرے گا، کوئی فعل بے جا حکمت سے نہ ہو گا۔"

طاہر مسعود نے اس خبر کے متعلق لکھا ہے کہ خبروں کی ترسیل کا معتبر و مناسب انتظام نہ ہونے کی وجہ سے افواہیں بھی 'صادق الاخبار' کے صفحات میں جگہ پا جاتی تھیں۔ خصوصاً ایسی افواہیں جن میں انگریزوں کی ہزیمت کی خوش خبری ہوتی تھی۔ دور دراز سے آنے والے ایڈیٹر کو جو اطلاع یا افواہ سنا دیتے تھے ان کی تصدیق کیے بغیر ہی شائع کر دیا جاتا تھا۔ ایسی ہی ایک خبر میں پشاور سے آنے والے راوی نے اطلاع دی کہ کئی ہزار سپاہیوں نے بہت سے انگریزوں کو قتل کر کے سید محمد اکبر والی سوات کو تخت شاہی پر بٹھا دیا ہے اور پھر لاہور پہنچ کر شہر کا محاصرہ کر لیا ہے۔ سپاہ اہل اسلام نے لاہور تک بادشاہی تھانے بھی قائم کر دیے ہیں اور ارادہ ہے کہ لاہور، پٹیالہ اور پنجاب کے دیگر شہروں کو فتح کر کے 'قدم بوسِ حضور انور حاصل کرے'۔ اخبار نے لکھا ہے کہ "سنا گیا کہ اب گورے اور انگریز تمام پنجاب میں باقی نہیں رہے۔" ظاہر بات ہے کہ یہ اطلاع درست نہیں تھی۔

دہلی میں انگریزوں کے ساتھ انقلابیوں کی متعدد لڑائیاں ہوئیں۔ ۱۱ مئی سے

۳جون تک دہلی انگریزوں سے خالی ہوگئی۔ اس دوران اطراف واکناف سے بے شمار آزاد فوجی دستے جمنا کا پل پار کر کے دہلی میں داخل ہوتے رہے۔ مرزا خضر، مرزا ابو بکر، مرزا سیدو، مرزا عبداللہ کو مختلف انقلابی فوجی دستوں کے سردار مقرر تھے۔ مرزا مغل کمانڈران چیف بنائے گئے اور جنرل صمد خاں فوج کی رہنمائی کرتے رہے تھے۔ ۲جولائی کو صوبے دار جنرل بخت خاں اپنے چودہ ہزار لشکر اور خزانے کے ساتھ دہلی میں داخل ہوئے۔ ان کے ساتھ ناناصاحب کے بھائی بالاصاحب اور مولانا فضل حق خیر آبادی بھی دہلی آئے۔ ان کے ہمراہ کفن بردوش مجاہدین کی فوج بھی تھی جن کی رہنمائی مولانا سرفراز علی کر رہے تھے۔ جنرل بخت خاں کے دہلی میں داخل ہوتے ہی انگریزوں کو یقین ہو گیا کہ ہندوستان ان کے ہاتھ سے نکل جائے گا۔ ابتدا میں فوج کی قیادت مغل شہزادے کر رہے تھے۔ لیکن جولائی کے شروع میں جب بخت خاں بریلی سے دہلی آ گئے تو اعلیٰ کمان ان کے سپرد کر دی گئی۔ بہادر شاہ نے لارڈ گورنر کا خطاب دیا اور مرزا مغل کی جگہ باغی فوجیوں کا کمانڈر انچیف مقرر کیا۔ بادشاہ نے بخت خاں سے کہا تھا کہ وہ شہر میں نظم وضبط برقرار رکھنے کے لیے ہر مناسب تدبیر کریں۔ سب سے پہلے بخت خاں نے شہر کا انتظام درست کیا، کوتوال کو حکم بھیجا کہ اگر شہر میں بدنظمی ہوئی تو تمھاری خیریت نہیں۔ نمک اور شکر سے ٹیکس ہٹایا، عوام کو مسلح کیا اور دوسری اصلاحات جاری کی گئیں۔ بخت خاں اپنی اسکیموں کو بروئے کار لانا شروع کیا، ۴جولائی کو پیچھے سے حملہ کیے۔ اس جنگ میں انگریزوں کا بہت نقصان ہوا۔ کئی انگریز افسران مارے گئے۔' اس جنگ کی ایک خبر صادق الاخبار ۶جولائی ۱۸۵۷ کے شمارے میں شائع ہوئی تھی:

"خبر دہلی آج کل دہلی میں جو سالہائے سال سے اجڑے دیار کہلاتی تھی سپاہ کی بہت رونق اور کثرت ہے۔ اور بباعث بارش گولہ باری غنیم (جان) کی طرف سے جو خوف ضائع ہونے کا تھا خدائے تعالیٰ کی عنایت ہے یعنی ہر کوچہ و بازار میں صبح وشام ہزاروں آدمی پھرتا ہے اور دشمنوں کے گولہ سے بال بال بچتا ہے۔ واقعی یہ قول سچا ہے۔

دشمن چہ کند چو مہرباں باشد دوست

دیکھو اس کی عنایت کو سولہویں رمضان المبارک ۱۲۷۳ھ کو پانچ ترک سواروں فرشتہ منش نے انگریزوں کا راج پاٹ ہند سے اٹھا دیا گویا تختہ حکومت الٹ دیا اور حضرت قضاو قدرت بہ باوری طالع از سر نو تخت شاہی پر بیٹھے ازا آن جا کہ آسائش رعایائے ہند منظور خدا ہے اس لیے منتظم دوران جناب محمد بخت صاحب بہادر جنرل کہ نصفت اور عدالت اور مدبری و انتظام میں اپنا ثانی نہیں رکھتے ہمارا حاکم شفیق بنایا اور جناب موصوف نے حضور سے خلعت فاخرہ سپر د شمشیر پاتے ہی شہر کا انتظام بخوبی کر دیا اب کوئی کسی پر زیادتی نہیں کرتا ہے بلکہ الٹا سر کش غریب کے ہاتھ میں ہتھیار دیکھ کر ڈرتا ہے اور تمام سپاہ کا بندوبست بھی بخوبی ہو گیا۔ جمیع تھانہ دار شہر اور سید مبارک شاہ خاں صاحب کوتوال گشت میں مصروف ہیں دکاندار دکان کھولنے جاتے ہیں باہر سے غلہ بافراط چلا آتا ہے اور حال لڑائی کا یہ ہے کہ پرسوں کے روز جناب جنرل صاحب نے براہ علی پور گوروں کا محاصرہ کیا تھا سو طرفین سے مقابلہ ہوا دیر تک سپاہ شاہی داد شجاعت دیتی رہی آخر کار گورے بھاگ نکلے اور لشکر مظفر نے جب کوئی حریف مقابل نہ پایا تو تین سو گھوڑے اور کچھ چھکڑے

رسد وغیرہ اپنے قبضے میں کر کر قصد بازگشت کیا۔ سنا گیا کہ گورے اس لڑائی میں بہت مارے گئے اور کچھ گورے کل کے دن مقبرہ منصور کی جانب اوتر آئے تھے۔ سوان کے دفعیہ کے لیے فوج تھوڑی سی کہ بہت سوں پر بھاری ہے معاتواپ روزانہ ہوئی۔"

'انڈین میوٹنی' کی ایک تحریر سے بھی اس کی تصدیق ہوتی ہے:

"...اس دن کی ہار پر انگریزی سپاہی اتنا شرمندہ اور ناراض ہوئے کہ انھوں نے اپنے کیمپ میں جاکر اپنے بے قصور بھشیتوں اور بہ سے کالے نوکروں کو مار ڈالا۔ اپنے ان ہندوستانی نوکروں کی وفاداری اور خدمتوں کا انھوں نے کچھ بھی خیال نہیں کیا کیونکہ "ان گورے سپاہیوں کے دلوں میں سب کالے ایشیا والوں کی طرف سے سخت نفرت کی آگ بھڑک رہی تھی۔"

انقلابیوں کی طرف سے اگلے حملے میں ۱۴ جولائی کو جنرل ریڈ بھی گھبرا گیا۔ بیماری کے بہانے استعفیٰ دیا اور فوج چھوڑ کر چلا گیا۔ اب چوتھا کمانڈر انچیف جنرل ولسن مقرر ہوا۔ اس وقت کے کچھ حالات ہم کو 'صادق الاخبار' میں ملتے ہیں۔ 'صادق الاخبار' نے اپنے ایک ایک حرف کو صرف جنگ آزادی کی خبروں کے لیے وقف کر دیا تھا۔ ۲۰ جولائی ۱۸۵۷ کو صادق الاخبار نے لکھا تھا::

"حاصل کلام، جو شخص اپنے خدا سے سچا ہے اس کا کام سب سے اچھا ہے۔ اس ہفتے میں یہاں کئی لڑائیاں ہوئیں، سواران وتلنگان شاہی نے ان معرکوں میں وہ وہ دادِ شجاعتیں دیں کہ زیر زمین جگر رستم کانپ اٹھا یعنی گراپ کھا کھا کر توپ کے منہ پر جا جا پڑے اور تیغ دلاوری سے ایک کو دو اور دو کو چار کیا۔ آخر کار گورے منہ پھیر

پھیر گئے - مگر چونکہ کل امر منحصر وقت پر ہیں توان شاء اللہ صبح وشام میں اس باوٹہ کو فتح کر لیں گے .... کہتے ہیں کہ من جملہ اس سپاہ مرد میدان کے سواران جالندھر سے شیخ امیر علی صاحب دفعدار اور شیخ سبحان علی وکرامت علی وقطب علی صاحبان وغیرہ اور ٹوپ سرسہ میں سے سید فدا علی دفعدار اور سید غلام سرور اور مرزا مغل بیگ صاحب نے ایسی ایسی داد شجاعت دی کہ فلک گفت احسن ملک گفت زرہ نفس الامر میں مردانگی انھیں کے لیے ہے، کیونکہ اس زمرہ سواران میں اکثر شریف ہوتے ہیں۔ خدا نے چاہا توان لوگوں کو بڑے بڑے عہدے اور منصب پیش گاہ شاہی سے ملیں گے۔

" تحقیق سنا گیا کہ رجمنٹ جھانسی بھی ایسی لڑی کہ جو لڑنے کا حق تھا اور پیدلوں نے بھی اپنی بساط سے زیادہ کام دیا اور جنرل بخت خاں ہمہ تن اس میں مصروف ہیں۔

ایک عورت جہادیوں کے ساتھ لڑائی میں خوب مردانہ کام کرتی ہے، بلکہ حضور سے اس کو ایک گھوڑا سواری کے لیے ملا ہے۔ ایک تلنگہ ہندو سید رفائی کی مسجد کے پاس اذان پر اڑ پڑا تھا سو کئی ہنود لوگوں اور مسلمان مجاہدین نے اس کے کان کھڑے کر دیے۔"

۱۸۵۷ میں دیگر سیاسی، سماجی اور مذہبی عوامل کے ساتھ ساتھ انگریزی اقتدار کے خلاف ملک گیر ماحول بنانے اور مسلمانوں میں جوش وجذبات برانگیختہ کرنے میں علما کے فتوؤں نے کلیدی کردار ادا کیا ہے۔ حکومت وقت کے خلاف دیے گئے فتوؤں کے اثرات اور اہمیت کے تعلق سے ڈبلیو ڈبلیو ہنٹر کا بیان ہے:.

"جب کبھی کوئی ایسا فتوی حکومت کے خلاف شائع ہوا تو اس کا نتیجہ دنیا کی سخت ترین اور نہایت خوں ریز بغاوتوں کی صورت میں ظاہر ہوا۔"

تاریخ کی مستند کتابوں کے ذریعے انقلاب اٹھارہ سو ستاون میں علما کے ایسے چند فتوؤں کی نشاندہی ہوتی ہے، جن میں انگریزوں کے خلاف جہاد کو جائز و واجب قرار دیتے ہوئے مسلمانوں کو حرکت و عمل کی ترغیب دی گئی تھی۔ لیکن 'صادق الاخبار'، دہلی (۲۷ جولائی ۱۸۵۷) میں شائع ایک فتوے کے علاوہ کسی بھی فتوے کا متن دستیاب نہیں ہو سکا ہے۔ تاریخ میں انگریز مخالف ایسے تین فتوؤں کا ذکر ملتا ہے جو انقلاب اٹھارہ سو ستاون میں دیے گئے۔

۱۸۵۷ کے دوران علمائے کرام کا یہ فتوی جس کی نقلیں دہلی کی جامع مسجد کی دیواروں اور مختلف مقامات پر چسپاں کی گئی تھیں۔ سید جمیل الدین ہجر نے اس فتوے کا سوال اور علمائے کرام کا جواب دونوں۔ 'صادق الاخبار' میں شائع کیے تھے۔ جس میں انگریزوں کے خلاف انقلابی سپاہیوں کی جنگ کو جہاد سے تشبیہ دی گئی تھی۔ چنانچہ بخت خاں نے اپنے اختیارات اور اثر ورسوخ کے ذریعے اس وقت کے علما سے ایک جہاد کا فتویٰ مرتب کروایا۔ فتویٰ کے اجرا کے بعد مسلمانوں میں جنگ آزادی کے لیے مذہبی جوش اور ولولے کا پیدا ہونا فطری امر تھا۔

میرٹھ سے آئی باغی فوجوں کی قیادت تسلیم کرنے کے بعد بہادر شاہ ظفر نے علامہ فضل حق خیر آبادی اور جنرل بخت خاں سے مشورہ کیا اور 'کنگ کونسل' نامی ایک تنظیم کی تشکیل دی اور علامہ کو اس تنظیم کا ایک بڑا اہم رکن بنایا گیا۔ انگریزوں کے خلاف آزادی کا بگل بجانے کے لیے بہادر شاہ نے بخت خاں سے

مشورہ کیا اور طے پایا کہ یہ ذمے داری ضرت علامہ فضل حق خیر آبادی کو دی جائے۔ علامہ فضل حق خیر آبادی اس تاریخی کارنامے کو انجام دینے کے لیے دہلی کی جامع مسجد میں جمعے کو خطبے کے دوران انگریزی ظلم و ستم کے خلاف خوب جم کر تقریر کی اور انگریزوں کے خلاف فتوی جہاد اکابر علما اکرام کی موجودگی میں پیش کر دیا۔ جس پر مفتی صدر الدین آزردہ، صدالصدور دہلی، مولوی عبد القادر، فیض اللہ دہلی، مولوی فیض احمد بدایونی، ڈاکٹر مولوی وزیر خاں اکبر آبادی، سید مبارک شاہ رامپوری نے اس فتوی جہاد پر دستخط کیے۔ غلام رسول مہر نے لکھا ہے کہ:

"مولانا فضل حق خیر آبادی کے دہلی پہنچنے سے پیشتر بھی لوگوں نے جہاد کا پرچم بلند کر رکھا تھا۔ مولانا پہنچے تو مسلمانوں کو جنگ آزادی پر آمادہ کرنے کی غرض سے باقاعدہ ایک فتوی مرتب ہوا جس پر دہلی کے دستخط کے لیے میرا خیال ہے کہ یہ فتوی مولانا فضل حق ہی کے مشورے سے تیار ہوا تھا اور انھوں نے علما کے نام تجویز کیے جن پر دستخط لیے گئے۔"

اس فتوے پر مذکوہ ۲۸ علمائے کرام کے دستخط اور مہریں شائع ہوئی تھیں۔ 'صادق الاخبار' کی ان خبروں اور سرگرمیوں سے بخوبی اندازہ ہوتا ہے کہ اس نے ۱۸۵۷ کی جنگ آزادی میں کھل کر مجاہدین کا ساتھ دیا۔ جس نے جنگ آزادی کے لیے مذہبی جوش وولولہ پیدا کیا اور بہت سے لوگ اس کی وجہ سے جنگ آزادی میں شامل ہوئے۔

دہلی میں بغاوت کے جو شعلے بھڑکے تھے انہوں نے پورے ملک کو اپنی لپیٹ میں لے لیا۔ پہلے وہ دہلی کے آس پاس کے ضلعوں میں پھیلی۔ سردھنہ اور باغپت

میں ۱۱اور ۱۲ مئی کو بغاوتیں ہوئیں۔ رڑکی ۱۳ مئی کو آزاد کرالیا گیا اور ۲۶ مئی کو بلند شہر میں ایک مغل گورنر مقرر کیا گیا۔ مظفر نگر میں ۱۴ مئی کو علی گڑھ میں ۲۰ مئی کو اور سہارن پور میں ۳۰ جون کو بغاوتیں پھوٹ پڑیں۔ اس طرح صوبے کی زیادہ تر مغربی کمشنریوں میں شورش پھیل گئی۔ روہیل کھنڈ میں بغاوت مئی میں شروع ہوئی اور خان بہادر نے ۳۱ مئی کو انتظام سنبھال لیا۔ بریلی کے بعد رام پور، مراد آباد، امروہہ، بجنور، بدایوں اور شاہجہاں پور میں بغاوتیں ہوئیں۔ فرخ آباد میں سپاہیوں نے نواب تفضل حسین خاں کی اطاعت قبول کرلی اور فتح گڈھ اور سیتاپور بھی ان کے زیر نگیں آ گئے۔ مذکورہ اخبار نے 'اخبار مقامات مختلفہ' کے عنوان سے لکھنؤ اور اس کے نواح میں رونما ہونے والے جنگی واقعات کا نقشہ یوں کھینچا ہے:

زبانی معتبر آنے والوں پورب کے منکشف ہوا کہ بنارس میں وہاں کے راجہ کا انتظام دور بہ خوبی ہو گیا اور کانپور میں نواب محمد علی خاں بہادر عرف ننھے نواب نے دو پلٹنوں تلنگان سے اپنا بندوبست کر لیا اور سپاہ سے وعدہ کیا ہے کہ ہم بعد نظم دہلی کو برائے شرف ملازمت حضور اقدس چلیں گے۔ اور الہ آباد میں جب سے انگریز مارے گئے کوئی حاکم مقرر نہیں ہوا کہتے ہیں کہ مقامات مذکورہ بالا میں کیا بلکہ تمام پورب میں دین دار لوگوں نے فرنگیوں اور اون کے زن و بچہ کو چن چن کر قتل کیا۔ اور ایک انگریز نام کو باقی نہیں رکھا۔ لکھنؤ میں مچھی بھون کے انگریزوں نے یہ بہانہ سنانے مژدہ لندن جمیع مدعیان سلطنت اور اعیان ریاست کو بلا کر مقید کر لیا اور آپ بھی اسی میں قید ہیں۔ باہر گوروں کا پہرہ ہے۔ کوئی شہر کا کالا آدمی اندر جانے نہیں پاتا لیکن باشندے اودھ کو بادشاہ یہاں کا بنا دیجیے۔ میرٹھ میں کل تین سو گورہ

مع چند افسران انگریزی بہ مقام دمدمہ محصور ہیں کوئی متنفس شہر میں نہیں نکلتا اور کچھری دربار کا تو کیا ذکر ہے... سنا گیا ہے کہ اس اثنا میں دو سو گورے بہ معاونت قوم جٹ (جاٹ؟) نواب صاحب بہادر (ولی داد خاں والیِ مالا گڈھ) سے بر سر مقابلہ آئے تھے مگر اقبال شاہی سے محمد اسماعیل خاں بہادر سپہ سالار فوج نے ان کو شکست دی۔ کہتے ہیں کہ بروقت مفروری گوروں منہ زدن میں... کئی گاؤں پھونک دیے کہ اس سے لوگوں کو بڑی تکلیف ہوئی۔ آگرہ میں گورہ اور فرنگی اور کرسٹان قلعہ کے اندر گھرے ہوئے ہیں... پلول اور ہوڈل اور کوسی میں راجہ جے پور اور راجہ جیندہ اور دیگر راجہ و نوابوں کی سپاہ زیر حکم چند افسران انگلشیہ پڑی ہوئی ہے۔ مگر اون لوگوں کا قوم ہے کہ ملک کا ہم بندوست بہ خوبی کر دیں گے لیک لڑائی میں دین کا ساتھ دیں گے اور یہی کلام اور ارادہ تمام افواج کا اور تمام امرا اور رُوسا کا ہے۔"

۱۸۵۷ کی جنگ آزادی صرف دہلی ہی میں نہیں بلکہ ہندوستان کے ہر گوشے میں لڑی گئی۔ آگرہ میں مجاہدوں نے جس بہادری اور جواں مری کا ثبوت دیا اور غلامی کی لعنت کے خلاف جد وجہد کی اس کا ذکر صادق الاخبار میں ملتا ہے۔ اس وقت آگرہ کمشنری آگرہ، متھرا، میں پوری اور اٹاوہ کے اضلاع پر مشتمل تھی۔ آگرہ صوبے کا صدر مقام تھا اور لفٹنٹ گورنر وہاں رہتا تھا۔ یہ علاقے عیسائی پادریوں کے مرکز تھے۔ یہاں کے اسکول ہندوستانی بچوں کو عیسائیت کے سانچے میں ڈھالنے کا فریض آہستہ آہستہ انجام دیے جا رہے تھے۔ اس کے رد عمل میں ہندوستانی اور خصوصاً مسلمان علما پادریوں سے مناظرے اور عیسائیت کا رد عمل کرنے میں ہمہ تن منہمک تھے۔ مولانا احمد اللہ شاہ نے یہاں دورے کیے اور تقریریں کیں جس

سے نہ صرف مذہبی رجحان پیدا ہوا بلکہ غلامی کا احساس بھی بیدار رہوا۔ مولانا کی آمد کی بدولت کچھ عرصہ پہلے ایک ہنگامہ بھی ہو چکا تھا جسے بغاوت کا پیش خیمہ سمجھنا چاہیے۔

دہلی سے بغاوت کی خبر آنے کے فوراً بعد آگرہ میں بھی طوفان کے آثار نظر آنے لگے۔ علی گڑھ اور بلند شہر کے واقعات نے ۲۳ مئی کو مین پوری میں اور ۲۰ مئی کو اٹاوہ میں بغاوت شروع کر دی اور جلد ہی باغیوں کا آگرے پر قبضہ ہو گیا۔ بھرت پور کی فوج نے جولائی کے شروع میں بغاوت کر دی۔ باغیوں نے آگرے کے قریب ساسیاہ کے مقام پر انگریزی فوجوں کو شکست دی اور لفٹنٹ گورنر اور آگرے میں رہنے والے قلعے میں پناہ لی۔ ۵ جولائی کو نیمچ اور نصیر آباد کے باغی دستے آگرہ پہنچے، موضع شاہ گنج پر انگریزی فوج سے مقابلہ ہوا۔ ایک طرف الور کی سپاہ اور دوسری طرف انقلابی دستے نے اچانک حملے کیے جس سے انگریزی فوج کے پاؤں اکھڑ گئے۔ انقلابیوں نے پیچھا گھیرا اور گورے بمشکل تمام بھاگ کر قلعے میں واپس پہنچے۔ عوام نے یہ خبر پاتے ہی انگریزوں کے بنگلوں اور سرکاری دفتروں میں آگ لگا دی، باغی فوجیں ایک دو دن ٹھہر کر متھرا کے راستے سے دہلی روانہ ہو گئیں۔ متھرا پر سیٹھ لکھمی چند نے کل فوج کی دعوت کی اور تین لاکھ روپیہ دیا۔ صادق الاخبار میں 'خبر آگرہ' عنوان سے اس بات کی تصدیق ہوتی ہے:

"خبر آگرہ: زبانی ایک معتبر قاصد آگرہ کے مدرک ہوا کہ کمبو نیمچہ کا کوچ کرتا ہوا مقام پہرے میں گوروں سے مقابل ہوا، دیر تک لڑائی ہوتی رہی۔ انجام کار بعد مقاتلہ بسیار انگریز شکست کھا کر آگرہ میں جا چھپے اور کمپو نے ان کا تعاقب

کیا۔ یہاں تک کہ قتل کرتا ہوا شہر میں داخل ہوا۔ چھاؤنی اور تمام کوٹھیاں انگریزی پھونک دیں، ہزاروں روپے کا مال اوراسباب لوٹا اور سامنے سے جو انگریز نظر پڑا مارڈالا اور محبس خانہ میں قیدی آزاد کر دیے یہ حال دیکھ کر انگریز اور کچھ گورے اور کرسٹان قلعہ میں پھاٹک بند کر کے محصور ہو گئے اور جو باہر رہا اس کو رعایا نے سنگوالیا۔ اس وقت کمپو مذکور نے کوتوالی اور تھانہ شاہی بٹھادیا اور دکانداروں میں سے کسی کو لٹنے نہ دیا اور چونکہ اس کمپو کے پاس خزانہ اور رسدوا تواپ قلعہ شکن نہ تھیں اس لیے متھرا میں آکر قیام کیا اور لکھمی چند سیٹھ سے پانچ لاکھ روپے کا پیغام ڈالا۔ کہتے ہیں سیٹھ نے بعد معذرت بسیار سوا لاکھ روپیہ فوج کے حوالہ کر دیا۔ اب کمپو مذکور وہیں پڑا ہوا راہ جواب عرضی دیکھ رہا ہے۔ غالب ہے کہ چند روز میں وہ لشکر داخل دہلی ہو، کیونکہ پیشی گاہ حضرت ظل سبحانی سے شقہ درباب طلب ان کے جاری ہوا ہے۔

آگرہ میں اب انگریزوں نے بہ مخبری رعایا اکثر لوگوں کو پھانسی دینی اور گولی مارنا شروع کر دی ہے گویا میرٹھ کا سا حال ہو رہا ہے اور مسجد جامع آگرہ کو غضب میں آکر شہید کر ڈالا، اور چاہا تھا کہ روضہ تاج بی بی کو بھی توڑ پھوڑ ڈالیں لیکن رعایا کو اس کے عوض مستعد جنگ پا کر خاموش ہو رہے اور تجاران دہلی سے انھوں نے کہہ دیا کہ یہاں سے نکل جاؤ چنانچہ کئی سوداگر یہاں چلے آئے ہیں۔"

الٰہ آباد میں ۸ جون کی رات کو سپاہیوں اور عوام نے مل کر انگریزی فوج پر حملہ کر دیا۔ انگریزوں نے قلعے میں پناہ لیا جہاں سکھ سپاہی ان کی حفاظت کر رہے تھے۔ انقلابیوں نے جن کی رہنمائی رام چندر کر رہے تھے۔ مولوی لیاقت علی

کو اپنا لیڈر چن لیا۔ ہندو اور مسلمان متحد ہو کر مولوی لیاقت علی کے جھنڈے تلے جمع ہو گئے۔ مولوی صاحب نے سپاہیوں کو منظم کرنے کے فوری بعد قلعے پر حملہ کر دیا۔ انگریزوں نے قلعہ سے باہر نکل کر مقابلہ کیا اور شکست کھا کر واپس قلعے میں چلے گئے۔ اس دوران جنرل نیل بنارس کو تباہ کر کے الہ آباد کی طرف بڑھ رہا تھا۔ یہ سن کر سارا شہر خالی ہو گیا۔ ۱۷ جون کو جنرل نیل کی فوجیں شہر میں داخل ہو گئیں۔ مولوی صاحب نے سخت مقابلہ کیا۔ لیکن شہر خالی کرنے پر مجبور ہو گئے اور اپنے مجاہدین کو لے کر گنگا پار کیا اور نانا صاحب کے پاس کانپور چلے گئے۔ انقلابیوں کے چلے جانے کے بعد جنرل نیل نے الہ آباد کو دوسرا بنارس بنا دیا۔

الہ آباد پر قبضے کے بعد انگریزوں نے اسے اپنا فوجی ہیڈ کوارٹر بنا لیا۔ لارڈ کننگ بھی کلکتہ سے وسط ہند کی بغاوت کو دبانے کے لیے یہیں آ گیا۔ انگریزوں نے الہ آباد میں بے شمار انسانوں کو پھانسی دی۔ بے شمار دیہات نذر آتش کر دیے گئے۔ ایک اندازے کے مطابق تقریباً چھ ہزار انسانوں کو قتل کیا گیا اور سیکڑوں عورتیں، بچے، جوان اور بوڑھے زندہ جلائے گئے۔ صادق الاخبار میں مذکورہ بالا واقعات کی طرف اشارے ملتے ہیں:

"خبر الہ آباد: زبانی آئند پورب کے ایک اوس کے ہم وطن کو دریافت ہوا کہ الہ آباد میں کچھ گورے پرے سے اتر آئے اور انھوں نے میدان خالی دیکھ کر الہ آباد اور اس کے قرب وجوار کو بارہ بارہ کوس تک پھونک دیا اور رعایا کے ننگ وناموس پر بڑی دست درازی کی اب سکنائے پورب ان کے ہاتھ سے تنگ ہو کر راہ آنے بادشاہی فوج کے دیکھ رہے ہیں کہ ان کے ہمراہ ہو کر گوروں سے بدلہ

اتاریں۔ اور راجہ بنارس مثل راجہ پٹیالہ ان کی مدد زور زور سے کرتا ہے۔"

لکھنؤ میں "۳۰ تاریخ کو سپاہیوں کی بغاوت شروع ہو گئی۔ شعلوں نے لکھنؤ کو اپنی لپیٹ میں لے لیا اور جلد ہی سیتاپور (۳۰ جون) محمدی (۴ جون) لکھیم پور کھیری (۴ جون) فیض آباد (۵ جون) بہرائچ (۹ جون) سلطان پور (۹ جون) گونڈا (۱۰ جون) تک پھیل گئے۔ چنانچہ مہینہ ختم ہونے سے پہلے اودھ میں ایک ضلع بھی ایسا نہیں تھا جو باغیوں کے قبضے میں نہ آگیا ہو۔

گو کہ 'صادق الاخبار' نے ایک طرف ملک کے اندر پھیلنے والی بے چینی، شورش اور تحریک آزادی کی جرأت مندانہ تصویر کشی کی تو دوسری طرف انگریزوں کے خلاف ایران وروس کی بڑھتی ہوئی طاقت کا مرعوب کن نقشہ کھینچا جس کا مقصد یہاں کے لوگوں میں اعتماد پیدا کرنا تھا گو کہ 'صادق الاخبار' نے ایک طرف ملک کے اندر پھیلتی بے چینی، شورش اور تحریک آزادی کی جرأت مندانہ تصویر کشی کی تو دوسری طرف انگریزوں کے خلاف ایران، روس اور چین کی ابھرتی طاقت کا مرعوب کن نقشہ کھینچا اور ساتھ ہی ایسی خبروں کی اشاعت کو ترجیح دی، جن سے عوام الناس کے اندر انگریزوں کے خلاف لڑنے کا جذبہ بیدار ہو اور اسے ایک مذہبی فریضہ سمجھیں۔

***

۷

زوال پذیر ہندوستانی اردو اخبارات،

چند تجاویز

محمد علم اللہ

ہندوستان کی اردو صحافت پر مایوسی اور نا امیدی کا غبار چھایا ہے، اب تو اردو اخبار دیکھ کر واقعی گھن آنے لگی ہے۔ وقفے وقفے سے درد مند احباب اس کا شکوہ کرتے رہتے ہیں، ہر روز ایک نیا جہان تعمیر کرنے کے دعوے کے ساتھ کوئی نہ کوئی اخبار نکلتا ہے لیکن وہی ڈھاک کے تین پات والی بات ہے۔ مجھے نہیں پتہ یہ اردو کے قارئین کی وجہ سے ایسا ہے یا اخبار والوں نے اپنے قارئین کو واقعی احمق سمجھ رکھا ہے؟ بلاشبہ اردو اخبارات صحافت کی آبرو ہیں۔ وقت کے لحاظ سے ان میں تنوع بھی آیا ہے اور مثبت تبدیلی بھی، لیکن معیار کے اعتبار سے دیکھا جائے تو ترقی کی بجائے تنزلی کا احساس ہوتا ہے۔

متعدد مرتبہ میں نے اپنے مضامین اور کالم کے علاوہ براہ راست فون پر بھی اس حوالہ سے جملہ ذمہ داران کو توجہ دلائی ہے۔ مگر شاید ان لوگوں نے قسم کھا

رکھی ہے کہ وہ اپنی خو نہیں بدلیں گے چاہے کچھ بھی ہو جائے۔ اور غالباً اسی لئے اُردو کے ایک بزرگ ادیب نے کہا تھا کہ اردو اخبارات دیکھ کر اب متلی آتی ہے۔ جب کبھی میں اردو کا کوئی بھی اخبار دیکھتا ہوں تو سوچنے پر مجبور ہو جاتا ہوں کہ کیا یہ وہی اردو اخبارات ہیں جن کا ایک شاندار و یادگار ماضی رہا ہے۔ اسی احساس کے تحت میں یہ مضمون رقم کر رہا ہوں۔ اپنے قارئین سے تو میں روزانہ بات کرتا ہوں، مگر آج میرے مخاطب اردو اخبارات کے مدیران ہیں، امید کہ وہ اس جانب توجہ فرمائیں گے اور یہ جاننے کی کوشش کریں گے کہ اردو کا ایک قاری ان سے کیا توقع رکھتا ہے۔ میری رائے کے مطابق چند اصلاحات از حد و از بس ضروری ہیں جن کی طرف توجہ مرکوز کی جانی چاہیے۔

(۱) اس وقت مسلمانوں میں بے چینی، اضطراب اور بے قراری کا عالم ہے، مسلمان کافی پریشان ہیں۔ ایسے نازک اور پیچیدہ ماحول میں صحافت کو کافی سوجھ بوجھ کے ساتھ کام کرنے کی ضرورت ہے۔ عام طور پر اردو اخبارات جذباتیت کے جلد اور زیادہ شکار ہو جاتے ہیں، جس کی وجہ سے معروضیت کا گلا گھٹنے کا احساس بھی عام ہو جاتا ہے۔ بڑی تمنا ہے کہ اردو اخبارات کے مدیران سنجیدہ اور دانشمندانہ صحافتی مواد کی فراہمی کو یقینی بنائیں۔

(۲) ماضی قریب میں شدت کے ساتھ میں نے محسوس کیا ہے کہ اردو اخبارات سے رپورٹنگ غائب ہوتی جا رہی ہے۔ اردو اخبارات کے ذمہ داران اُن تجزیوں اور تبصروں کو ہی بدقسمتی سے اصل صحافت سمجھ بیٹھے ہیں، جن میں احوال و واقعات کی یک رُخی تصویر پیش کرتے ہوئے مفاداتِ خصوصی کے حصول کی

کوشش کی اور کروائی جاتی ہے۔ کیا یہ بہتر نہیں ہوگا کہ مدیران رپورٹنگ پر توجہ دیں اور زمینی حقائق پر مشتمل رپورٹوں کو اپنے اخبارات میں جگہ دیں۔

(۳) آج کل اردو اخبارات صرف پریس نوٹس اور جلسے / جلوس کی یکطرفہ رپورٹوں کو بنا پڑھے اور ادارتی عمل سے گذارے شائع کر رہے ہیں۔ خصوصی اسٹوریز کے زیرِ عنوان بھی سیاسی قائدین کے بیانات یا پھر سیاسی جماعتوں سے جڑی خبروں کو ترجیح دی جاتی ہے۔ ماضی میں اردو اخبارات پڑھ کر امیدوار سیول سرویسز کے امتحانات میں کامیاب ہوتے تھے، کیونکہ انہیں اردو اخبارات کے ذریعے وہ خزانہ فراہم کیا جاتا تھا جو دیگر زبانوں میں نہیں ملتا تھا۔ (اب عالم یہ ہے کہ سول سروس کے امتحان میں کامیابی کی تمنا رکھنے والے اگر اردو اخبارات کی قرات تک خود کو محدود رکھیں تو ان کی ناکامی کی ضمانت دی جاسکتی ہے)۔

کیا ہی اچھا ہوتا کہ ماضی کے اس پیشہ ورانہ معمول کا احیا ہو جاتا۔

(۴) عالمی خبروں پر توجہ، معیشت و تجارت کے مسائل پر مرکوز، کیریر سازی کے مواد کی اشاعت کو ناگزیر بنایا جائے۔

(۵) بڑی شدت سے اس بات کا احساس ہوتا ہے کہ روزانہ پیش آنے والے اہم مسائل پر وقتاً فوقتاً خصوصی ضمیمے کاش کہ شائع کیے جائیں۔ ساتھ ہی ملک و بیرون ملک تعلیمی میدان میں پیش رفت اور مواقع، دونوں میں تقابل اور اصلاحات، مدارس اور جدید دانش گاہوں کا تقابل، ماہرین تعلیم کی آراء و افکار، اسکالرشپ کی حصولیابی کے طور طریقوں و اعلانات کی تفصیل وغیرہ کے حوالہ سے فکری مضامین کی اشاعت کے فقدان کو دور کرنے کی کوشش کی جائے۔

(٦) ٹکنالوجی سے جڑی ہوئی خبریں بھی اردو اخبارت میں نمایاں طور پر شائع نہیں ہوتیں۔ کس ہارڈ ویئر یا سافٹ ویر کے کیا فائدے ہیں؟ کونسے ایپ سے کیا فائدہ یا نقصان ہو گا؟ کون سی ڈیوائسز مارکٹ میں آنے والی ہیں؟ ایسی خبریں عموماً یا تو اُردو اخبارات میں شائع نہیں ہوتیں یا پھر دیگر زبانوں میں شائع ہونے کے بعد ہی انہیں اردو اخبارات میں جگہ ملتی ہے۔ اس سے بہتر انداز میں ابلاغ بھی نہیں ہو پاتا حالانکہ براہ راست اردو میں ایسے لکھنے والے افراد موجود ہیں۔

(٧) اردو اخبارات کی خبریں، خبر کم اور تبصرہ زیادہ معلوم ہوتی ہیں۔ گویا نمائندہ یا مدیر پہلی نظر میں ہی خبر کو تنقیدی نگاہ سے دیکھ رہا ہوتا ہے۔ جبکہ تبصرہ یا تنقید کیلئے اداریہ کا صفحہ موجود ہے یا مضامین کا سیکشن۔ اکثر اردو اخبارات بے بنیاد موضوعات و مضامین قارئین پر تھوپ دیتے ہیں، جبکہ ادارہ یا انتظامیہ کو چاہیے کہ اپنی مرضی مسلط کرنے کے بجائے قارئین کو اختیار دیں کہ وہ موضوعات کا انتخاب کرسکیں، اپنی رائے دے سکیں۔

(٨) خبروں کو زبردستی کلمہ پڑھوا کر مسلمان بنانے کے مزاج کو ختم کیا جانا چاہیے، ساتھ ہی خبروں اور دیگر مواد کی اشاعت میں سرقہ کے کلچر کو ختم کر کے تخلیقیت اور محنت کا رجحان، اخبار سے وابستہ ہر صحافی میں پیدا کرنے کی ضرورت درپیش ہے۔

(٩) بیشتر اردو اخبارات کا مواد اور بطور خاص ادارتی صفحہ پاکستانی نقطۂ نظر والے متن کا سرقہ یا چربہ ہوتا ہے۔ جبکہ ضروری امر یہ ہے کہ ہندوستان اور ہندوستانیوں کے معاملات و مسائل سے قاری کو زیادہ اور بہتر طور پر واقف کرایا

جائے۔ جن قارئین کو پڑوسی ملک کے نقطہ نظر یا وہاں کے مسائل سے واقفیت میں دلچسپی ہو گی؛ وہ وہاں کے اخبارات کے ویب ایڈیشن سے خود استفادہ کر لیں گے۔

(۱۰) ادارتی صفحات میں لکھنے والے صحافیوں کو مختلف و متنوع موضوعات تقسیم کیے جانے چاہئیں۔ ادارتی عملہ حالات حاضرہ، سماج و ثقافت، تعلیم و تدریس اور سیاست و معیشت پر غور و فکر کر کے نت نئے موضوعات سامنے لائے تاکہ عوام میں ایک مثبت اور انقلابی پیغام پہنچے۔ موجودہ دور میں اردو اخبارات نے اس قدر منفی اور جذباتی رویہ قوم میں پیدا کر دیا ہے کہ اس سے قوم کو باہر نکالنا بھی اپنے آپ میں میں ایک بڑا کام ہو گا۔

(۱۱) مدیر کے نام خطوط میں تقریر اور وعظ کے بجائے حالات حاضرہ پر تبصرہ کیے جانے والے مکتوبات کو زیادہ قابل اشاعت بنانے کی طرف توجہ ضروری ہے۔

(۱۲) علمی، ادبی، سماجی، سائنسی، برقی و مواصلاتی شعبہ جات میں سنجیدگی سے برسرکار قابل مگر گمنام شخصیات کے انٹرویوز کی اشاعت کو ترجیح دی جائے، نیز اس ضمن میں بیرون ممالک کے افراد کو اگر اہمیت دی جائے تو اردو میں ایک نئی روایت کا آغاز ہو سکتا ہے۔ اس طریقے سے جہاں انٹرویو دینے والے افراد کی ہمت افزائی ہو گی وہیں اردو داں حلقے کو اس بات کا علم بھی ہو سکے گا کہ دنیا میں کیا کیا نیا ہو رہا ہے۔

(۱۳) ان دنوں اردو اخبارات کی زبان بہت زیادہ خراب ہو گئی ہے۔ الم غلم مواد شائع کیا جا رہا ہے۔ نہ کوئی معیار ہے اور نہ کوئی پیمانہ۔ انگریزی الفاظ اور ہندی لہجے کے استعمال کی کثرت سے اہل زبان کا ذائقہ بگڑ رہا ہے۔ جملوں کی ساخت کو

درست کرنے کے ساتھ ساتھ ہندی الفاظ وتراکیب کے استعمال سے پرہیز کی سخت ضرورت ہے۔ ترجمہ شدہ خبروں کی تعداد میں کمی اور ترجمہ کے معیار کو بلند کرنے پر بھی خصوصی توجہ دی جانی چاہیے۔

(۱۴) دور حاضر میں میڈیا کی زبان اور طریقہ کار میں نمایاں تبدیلی آچکی ہے۔ لیکن اردو اخبارات وہی برسوں پرانے ڈھرے پر چل رہے ہیں جس کی وجہ سے نہ تو وہ اپنے قارئین کی توجہ کا محور بن رہے ہیں اور نہ ہی نوجوان نسل کو اردو اخبارات کے مطالعے کی جانب راغب کر پا رہے ہیں۔ لہذا جدید تبدیلیوں سے ادارتی ٹیم کو واقف کرانا اور ان کی مخلصانہ تربیت کا فریضہ نبھانا بھی از حد ضروری ہے۔

(۱۵) جن اردو داں احباب کو اعلیٰ عہدوں پر فائز کیا جاتا ہے، وہی لوگ اپنی کمیونٹی / ادارہ سے وابستہ افراد کا ہر سطح پر استحصال کرتے نظر آتے ہیں۔ یعنی اردو سے متعلقہ اداروں میں ملازمین پر سختی اور ان سے ناانصافی کی روایت بڑی پرانی ہے۔ ذمہ دارانِ ادارہ اپنے ہی ملازمین کے حقوق کو اپنی جوتیوں تلے روند دیا کرتے ہیں، ان کے مسائل کے حل کی کوشش نہیں کرتے، کم اجرت پر زیادہ کام کرانا چاہتے ہیں جب کہ اسی کام کیلئے دوسری زبانوں اور کمیونٹی کے افراد کو زیادہ اجرت اور سہولیات فراہم کی جاتی ہیں۔ کاش ہمارے مدیران اس پر بھی سنجیدگی سے سوچتے۔

(۱۶) عمدہ اور پیشہ ورانہ مضامین لکھنے والے قلمکاروں کی ٹیم بنائیں، اس ٹیم کے ارکان مناسب معاوضہ کی ادائیگی کے عوض ایسے تحقیقی و تجزیاتی مضامین ادارہ کو فراہم کریں کہ جن کی اشاعت سے روزنامہ اخبار کی قدر و منزلت بڑھنا یقینی ہو۔

بالخصوص مفت میں لکھوانے کے کلچر کو ختم کیا جانا چاہیے۔ اس سے نہ صرف معیاری صحافت کو فروغ ملے گا بلکہ جو صحافی سنجیدگی سے لکھ رہے ہیں اور جو کچھ بھی لکھ رہے ہیں، حقیقتاً خلوص اور دیانتداری سے لکھیں گے اور نتیجتاً قابل تحسین اردو صحافت تخلیق پائے گی۔

(۱۷) محض ایجنسیوں کی خبروں پر انحصار کرنے کے بجائے ادارے کے صحافیوں سے بھی خبریں منگوانے کے کاز پر عمل ہونا چاہیے۔ اردو اخبار کو مسلم محلوں کا اخبار بننے سے روکنا، بے سروپا ذاتی تشہیر پر مبنی پریس اعلامیوں کارد اور بے معنی تعزیتی، مبارکبادی اور احتجاجی بیانوں کو نظر انداز کیا جانا لازمی حکمت عملی ہونا چاہیے۔ اخبار کے عمومی معیار سے سمجھوتا نہ کرنے کا مطلب یہی واضح ہونا چاہیے کہ اخبار کی بنیادی پالیسی مسلم تنظیموں / اداروں کا اعلانچی یا ڈھنڈورچی بننے سے یکسر گریز ہے۔

(۱۸) اکثر قارئین کو شکایت رہتی ہے کہ اردو اخبارات میں روزگار، تعلیم، تجارت وغیرہ سے منسلک خبریں شائع تو ہوتی ہیں، لیکن دیگر زبانوں کے بالمقابل اردو میں ان کا بس سرسری تذکرہ ہوتا ہے۔ انگریزی کے علاوہ مقامی اور ہندی اخبارات میں کسی بھی امتحان کے ماڈل پیپرس ہر روز شائع کیے جاتے ہیں لیکن اردو اخبارات میں اعلامیہ جاری ہونے کے بعد بھی ماڈل پیپر شائع نہیں ہو پاتا۔ سرکاری محکمہ جات میں تقرری کے حوالہ سے کچھ خاص جانکاری نہیں دی جاتی ہے۔ علاوہ ازیں تعلیمی میدان کے انتخاب کے متعلق بھی خبریں برائے نام شائع ہوتی ہیں۔ روزگار، تعلیم اور نوجوانوں کی رہنمائی پر اگر معقول دھیان دیا جائے تو نئی نسل

دوبارہ ذوق وشوق سے اردو اخبارات کی طرف متوجہ ہو سکتی ہے۔

(۱۹) عمومی طور پر یہ مشہور ہے کہ اردو اخبارات مسلمانوں کی نمائندگی کرتے ہیں۔ جبکہ اس طرزِ فکر سے ہٹ کر سوچنے کی ضرورت ہے۔ اُردو اخبارات کو کیسے غیر مسلم اردوداں طبقہ تک پہنچایا جائے؟ اس کیلئے جن وسائل کی ضرورت ہو انہیں کو بروئے کار لایا جائے۔ ہفتہ وار 'اسلامی سپلیمنٹ' کا عنوان تبدیل کیا جانا چاہیے۔ مذہب وروحانیت یا مذہب واخلاقیات جیسے عنوانات کے ذریعے غیر مسلم طبقے تک پہنچنا زیادہ بہتر اور موثر حکمت عملی ہوگی۔ علاوہ ازیں دیگر مذاہب کی اچھائیوں، ان کی کتب اور شخصیات ورہنماؤں کا مختصر ومفید تعارف بھی ہر طبقے کے قاری کے لیے کارآمد ثابت ہوگا۔

(۲۰) کئی میڈیا گھرانوں کے ہندی ایڈیشن بھی شائع ہوتے ہے۔ کیا یہ بہتر نہیں ہوگا کہ ہندی میں بھی اقلیتی مسائل کے ذکر کیلئے ہندی ایڈیشن کی کچھ جگہ حاصل کی جائے۔ یعنی اردو کی اہم رپورٹنگ کو ہندی لب ولہجے وانداز میں ہندی ایڈیشن میں شائع کروانے کی گنجائش نکالی جائے۔ اور مثبت رد عمل کے بطور ہندی کی عمدہ رپورٹس کو اردو ایڈیشن میں بھی بہ اہتمام شائع کرنے کی کوشش ہونی چاہیے۔

(۲۱) برقی ومواصلاتی ہوشربا ترقی کے موجودہ عہد میں، اپنی ویب سائٹ پر اکثر اردو اخبارات، اخباری صفحات کی امیج فائل ہی پیش کر رہے ہیں۔ ای۔ پیپر کی اشاعت اپنی جگہ اہم ہے لیکن اس کے ساتھ ساتھ اخبار کی ویب سائٹ کے اردو یونیکوڈ ورژن کا اجرا بھی یقینی اہمیت رکھتا ہے جس کے ذریعے بین الاقوامی سطح پر

اردو داں قارئین و صارفین کے ایک وسیع حلقے تک رسائی ممکن ہے۔

(۲۲) اردو اخبارات کا مزاج بن چکا ہے کہ وہ ہر معاملے میں ملت، ملی قائدین، نام نہاد مذہبی پیشواؤں اور مولویوں کی یکطرفہ حمایت کرتے ہیں نیز ان کی کمیوں اور کوتاہیوں سے صرف نظر کرتے ہوئے صرف کسی ایک مخصوص حصے کو اجاگر کیا جاتا ہے۔

کسی بھی فرد یا ادارہ کے ہر جائز و ناجائز اقدامات کی جانے انجانے طریقے سے تعریف اور حوصلہ افزائی کا بڑا نقصان یہ ہوتا ہے خامیاں یا لغزشیں سامنے نہیں آ پاتیں اور نتیجتاً متعلقہ فرد یا ادارہ اور قاری کسی غلط کام کو بھی درست سمجھ بیٹھتا ہے۔

اس رویے کی درستگی کے لیے ضروری ہے کہ عوام کو دوسرے رخ کے بارے میں بھی بتایا جائے اور اس حوالے سے خصوصاً ملی تنظیموں، مدرسوں، مسلم اداروں کا دیانتدارانہ احتساب کیا جائے، ان سے سوال پوچھے جائیں۔ زکوۃ، فطرے، خمس اور وقف املاک کے اسراف کے بارے میں بھی ان سے دریافت کیا جائے۔ ملت کے اندر پائی جانے والی کمیوں اور خامیوں کی نشاندہی اور بازپرس وقت کا اولین تقاضا بھی ہے۔

یہ چند گذارشات اور معروضات اردو اور مدیران سے محبت کی بنیاد پر پیش خدمت ہیں۔ اس امید کے ساتھ کہ اگر کچھ یا تمام باتیں اچھی لگیں تو ان پر عمل کی ممکنہ کوشش ہوگی۔

***

۸

صحافت: تاریخ، اہمیت، اور پیشہ ورانہ ذمہ داریاں

سید عنایت اللہ جان

صحافت، درحقیقت، معاشرے کی آواز ہے۔ یہ حقائق کے روشنی سے تاریکیوں کو مٹاتی ہے اور عوام کو راہِ راست آگہی فراہم کرتی ہے۔ صحافت حال کا ادب ہوتا ہے۔ صحافت تو گویا حکمت کا مرقع ہوتی ہے جہاں الفاظ کی نزاکت اور فکر کی گہرائی، دونوں مل کر قاری کے دل ودماغ پر ایک لطیف مگر جامع تاثیر چھوڑ جاتی ہیں۔

صحافت اگر سچائی کا آئینہ ہے تو ادب اس آئینے کو صیقل کرنے کا ہنر۔ صحافت اور ادب دونوں چولی دامن کا ساتھ ہے۔ جب یہ دونوں یکجا ہوتے ہیں، تو پھر خبر محض واقعہ نہیں رہتی، بلکہ اس میں زندگی کی رمزیت اور انسانی تجربے کی وسعت شامل ہو جاتی ہے۔ عرفان صدیقی، الطاف حسن قریشی، عطا الحق قاسمی، جاوید چوہدری اور ثروت جمال اصمعی جیسے صحافی محض صحافی نہیں بلکہ ان کا اسلوب ایک

مخصوص ادبی چاشنی کا حامل ہے۔

یہ حقیقت ہے کہ ادب آشنا صحافت محض اطلاعات فراہم نہیں کرتی، بلکہ وہ قوم کے اذہان کو جِلا بخشتی ہے، اس کے جذبات کو سمیٹتی ہے، اس کے اخلاقیات کی حفاظت کرتی ہے اور اسے اپنے قلم، خبر اور قوت تخیل سے فکری بلندی عطا کرتی ہے۔ یہی اس کی حقیقی عظمت ہے۔

صحافت کا آغاز انسانی تہذیب کے ساتھ ہی ہوا تھا۔ انسان نے رفتہ رفتہ اپنی ضروریات کا ادراک کرنا شروع کیا تو ایک وقت میں اسے خبر رسانی اور باخبری کی ضرورت کا احساس بھی ہونے لگا۔ قدیم دور میں خبریں زبانی یا تحریری شکل میں پھیلائی جاتی تھیں۔ روم میں مخصوص قسم کی تختیوں پر سرکاری اعلانات لکھے جاتے تھے، جو کہ شاید دنیا کی پہلی باقاعدہ خبر رسانی تھی۔

وسطی عہد میں، یورپ کے اندر یعنی ۱۴۴۰عیسوی میں چھاپہ خانے کے ایجاد کے بعد صحافت نے ایک باقاعدہ اور منظم شکل اختیار کی۔ ۱۶۰۵عیسوی میں جرمنی میں پہلا اخبار "Relation aller Fürnemmen und gedenckwürdigen Historien" کے نام سے شائع ہوا۔ برصغیر پاک وہند میں صحافت کا آغاز ۱۷۸۰عیسوی میں "بنگال گزٹ" سے ہوا، جو انگریزی حکومت کا سرکاری اخبار تھا۔ بعد ازاں عوامی سطح پر اردو صحافت نے "جام جہاں نما" جس کا آغاز ۱۸۲۲ء میں اور "اردو اخبار" جس کا آغاز ۱۸۳۶ء میں ہوا تھا ان اخبارات کے ذریعے اردو صحافت نے ترقی کی۔

بیسویں صدی عیسوی میں ریڈیو، ٹیلی ویژن، اور آخرکار انٹرنیٹ نے صحافت کو

ایک نئی جہت دی۔ آج ڈیجیٹل میڈیا اور سوشل نیٹ ورکنگ نے صحافت کو تیز ترین، وسیع ترین اور عالمگیر بنا دیا ہے۔ صحافت معاشرے کا آئینہ ہے، جو عوام کو باخبر رکھنے، حکومتوں کو جوابدہ بنانے، اور عمومی انصاف کی راہ ہموار کرنے میں اہم کردار ادا کر رہی ہے۔ عصر حاضر میں صحافت کا اثر زندگی کے ہر شعبے میں نمایاں ہے اور یہ مختلف شکلوں میں خیالات اور رویوں پر اثر انداز ہو رہی ہے۔ اس کی اہمیت درج ذیل پہلوؤں سے بخوبی واضح ہوتی ہے:

۱. عوامی بیداری:

صحافت عوام کو سیاسی، معاشی، سماجی، دفاعی اور بین الاقوامی مسائل سے آگاہ کرتی ہے۔ مذکورہ بالا شعبوں میں ہر دم وقوع پذیر خبروں سے لمحہ بہ لمحہ باخبر ہوتے ہیں اور سوشل میڈیا کے ذریعے ان پر اپنا آزادانہ رد عمل دیتے ہیں۔

۲. احتساب:

میڈیا حکومتی اور ادارہ جاتی کرپشن کو بے نقاب کر کے شفافیت کو یقینی بناتا ہے۔ کرپشن اور بے ضابطگیوں سے متعلق بے شمار بڑے بڑے واقعات کا میڈیا کے ذریعے پتہ چلتا ہے۔

۳. تعلیم و آگہی:

صحافت معاشرے کو مثبت رجحانات، سائنسی ترقی، اور ثقافتی اقدار سے روشناس کراتی رہتی ہے۔

۴. تنقیدی سوچ:

اچھی صحافت عوام میں تنقیدی اور تجزیاتی سوچ کو فروغ دیتی ہے۔

صحافتی پیشہ ورانہ ذمہ داریاں

ایک صحافی کا پیشہ نہ صرف معلومات پہنچانا ہے بلکہ اس کے ساتھ ساتھ اس پر کئی طرح کی اخلاقی اور قانونی ذمہ داریاں بھی عائد ہوتی ہیں:

۱. حقائق کی درست عکاسی

صحافی کو ہمیشہ غیر جانبدار اور درست معلومات فراہم کرنی چاہیے۔ اسے ہر دم یہ احساس ہونا چاہیے کہ غلط خبریں پھیلانا معاشرے میں انتشار کا باعث بن سکتا ہے۔

۲. اخلاقیات کا پاس ولحاظ

بنیادی اخلاقیات کا تقاضا ہے کہ ذاتی مفاد کے لیے خبروں کو مسخ نہ کیا جائے۔ اس طرح کسی کی عزت و آبرو کو مجروح کرنے والی خبروں سے بھی گریز کیا جائے۔ اس طرح نجی زندگی کی رازداری کا احترام لازم کیا جائے۔

۳. قانونی حدود کا خیال

ہر ملک کے اپنے صحافتی قوانین ہوتے ہیں۔ افواہیں پھیلانا، نفرت انگیز مواد شائع کرنا یا قومی سلامتی کو خطرہ یا نقصان پہنچانا باقاعدہ قانونی جرائم ہیں۔

۴. عوامی مفاد کو ترجیح

صحافی کو ہمیشہ عوامی مفاد کو ذاتی یا سیاسی مفادات پر ترجیح دینی چاہیے۔ حیرت ہوتی ہے کہ جب صحافیوں کی اکثریت سیاسی وابستگی کے روپ میں سامنے آتی ہے جس کا مقصد جانب دارانہ انداز سے ذہن سازی ہوتا ہے نہ کہ عمومی آگہی و شعور کو فروغ دینا۔

۵. ہر معاشرے کی کچھ نظریاتی بنیادیں ہوتی ہیں ان کی پاسداری سب پر لازم ہے صحافی بھی اس اصول کے پابند ہیں۔ اسلام کی اصولی تعلیمات اور اقدار سے اپنے خیالات اور قلم کو مطابق رکھنا اہل صحافت کی بنیادی ذمہ داری ہے اس سے سر مو انحراف درست نہیں۔

صحافت ایک مقدس پیشہ ہے جو کہ ہر دم معاشرے کی رہنمائی کرتا ہے۔ ایک اچھا، سچا اور کھرا صحافی وہ قرار پاتا ہے جو کہ سچائی کو بے خوفی سے پیش کرے، اخلاقی اقدار کا پاس و لحاظ رکھے، اور عوام کی حقیقی آواز بنے۔ موجودہ دور میں جب جعلی خبریں اور ہر طرح کے بے بنیاد پروپیگنڈے عام ہیں، صحافیوں کی ذمہ داری اور بڑھ جاتی ہے کہ وہ حقائق کو بے نقاب کرے اور معاشرے کو مثبت رخ پر گامزن کرنے میں اپنا فرض ایمان داری سے نبھائے۔

***

۹

کاش میرا بھی ایک اخبار ہوتا!

مرتضیٰ زیب زہری

کوئٹہ میں میرا ایک بہت پرانا دوست ہے جو ماشاء اللہ سے 'صاحبِ اخبار' ہے۔ سچ پوچھیں تو میں نے آج تک اس کا اخبار شہر کے کسی اسٹال پر نہیں دیکھا نہ کبھی کسی ہاکر کے ہاتھ میں نظر آیا۔

حقیقت یہ ہے کہ اس کا نہ کوئی دفتر ہے، نہ کوئی رپورٹر اور نہ ہی کوئی باقاعدہ اسٹاف۔ اخبار بس 'ٹھیکے' پر چلتا ہے یعنی پرنٹنگ پریس سے نکلا اور سیدھا سرکاری فائلوں کی نذر۔

لیکن کمال یہ ہے کہ جب بھی موصوف سے ملاقات ہوتی، ان کا رونا دھونا ایک ہی ہوتا تھا: "بھائی! حالات بہت خراب ہیں، حکومت اشتہارات ہی نہیں دیتی، اخبار چلانا مشکل ہو گیا ہے، جیب خالی ہے۔

"میں ان کی یہ 'کسمپرسی' دیکھ کر اکثر افسردہ ہو جاتا تھا کہ بیچارہ صحافت کی خدمت میں ہلکان ہو رہا ہے۔

مگر یہ تو بھلا ہو مولانا ہدایت الرحمان (رکن بلوچستان اسمبلی) کا جن کی ایک

سوال کی بدولت بلوچستان اسمبلی میں ڈی جی پی آر (DGPR) نے وہ 'خفیہ دستاویزات' فراہم کر دیں جنہوں نے میرے دوست کے مگرمچھ والے آنسوؤں کی حقیقت کھول دی۔

لسٹ دیکھی تو میرے پیروں تلے زمین نکل گئی ـــ وہ روتا دھوتا دوست، جس کا اخبار شاید اس کے اپنے گھر والے بھی نہیں پڑھتے، خاموشی سے سالانہ ٦٠ لاکھ روپے اشتہارات کی مد میں ڈکار رہا ہے۔

یہ دیکھ کر بے اختیار دل سے ایک ہی ہوک اٹھی: "کاش! میرا بھی ایک اخبار ہوتا۔"

لیکن ٹھہریے! یہ کہانی صرف میرے اس ایک دوست کی نہیں، بلکہ یہ کوئٹہ کے ان ١١٠ 'کاغذی' اخبارات کی ہے جو ٢٠٢٥ کے اس ڈیجیٹل دور میں بھی وینٹی لیٹر پر زندہ ہیں اور سرکاری خزانے پر دیمک کی طرح پل رہے ہیں۔

دستاویزات بتاتی ہیں کہ یکم جولائی ٢٠٢٤ سے ٣٠ جون ٢٠٢٥ تک، یعنی صرف ایک سال میں، ٥٢ کروڑ ٤٤ لاکھ ٤٣ ہزار ٤١٨ روپے ان اخبارات میں اشتہارات کی مد میں بانٹ دیے گئے۔

سوال یہ ہے کہ کیا واقعی بلوچستان میں اتنے اخبار پڑھے جاتے ہیں؟ یا یہ صرف 'کاغذی کارروائی' کا پیٹ بھرنے اور ٣٠ فیصد کمیشن کا دھندہ ہے؟

آیئے ذرا اس 'بہتی گنگا' میں ہاتھ دھونے والوں پر نظر ڈالیں جو ان دستاویزات سے چیخ چیخ کر سچ بول رہی ہے۔

سب سے پہلے ان بڑے مگرمچھوں کا ذکر جو سرکاری خزانے کا شیر کا حصہ ہڑپ

کر گئے ہیں۔

فہرست میں سب سے اوپر روزنامہ مشرق کوئٹہ ہے جس نے ۴ کروڑ ۵۷ لاکھ ۲۶ ہزار روپے سمیٹے، جبکہ روزنامہ جنگ کوئٹہ ۴ کروڑ ۰۷ لاکھ ۶۷ ہزار روپے کے ساتھ دوسرے نمبر پر رہا۔

بات یہاں نہیں رکتی، روزنامہ بلوچستان ایکسپریس نے ۱ کروڑ ۷۷ لاکھ، روزنامہ سینچری ایکسپریس نے ۱ کروڑ ۵۴ لاکھ اور روزنامہ باخبر نے بھی ۱ کروڑ ۵۴ لاکھ روپے وصول کیے۔ اسی طرح روزنامہ قدرت ۱ کروڑ ۴۶ لاکھ، روزنامہ بلوچستان نیوز ۱ کروڑ ۴۳ لاکھ، روزنامہ میزان ۱ کروڑ ۴۲ لاکھ اور روزنامہ آزادی ۱ کروڑ ۲۲ لاکھ روپے لے اڑے۔

روزنامہ بلوچستان ٹائمز اور روزنامہ ہمت بھی پیچھے نہیں رہے جنہوں نے بالترتیب ۱ کروڑ ۱۰ لاکھ روپے اپنی جیبوں میں ڈالے۔

اتنی بڑی رقوم لینے والے یہ ادارے کیا اپنے ورکرز کو وقت پر تنخواہ دیتے ہیں؟ یہ ایک ایسا سوال ہے جس کا جواب ہر صحافی جانتا ہے۔

اس کے بعد ان درمیانے درجے کے شکاریوں کی باری آتی ہے جن کے نام شاید عوام کے لیے اجنبی ہوں مگر ان کے کھاتے بھرے ہوئے ہیں۔

روزنامہ انڈیپنڈنٹ ۸۲ لاکھ، روزنامہ انتخاب ۷۹ لاکھ اور روزنامہ اہم خبر ۴۷ لاکھ روپے لے گئے۔ روزنامہ عوام نے عوام کے نام پر ۷۳ لاکھ بٹورے تو روزنامہ ٹوڈے پاکستان اور روزنامہ صحافت ۶۰، ۶۰ لاکھ روپے لے گئے۔

اسی زمرے میں روزنامہ حیان، روزنامہ اعتماد اور روزنامہ گرین گوادر ۵۵،

۵۵ لاکھ کی لائن میں کھڑے نظر آتے ہیں، جبکہ روزنامہ کوئٹہ وائس، روزنامہ تازہ خبر، روزنامہ عصرِ نو مستونگ اور روزنامہ ایشیا ٹوڈے جیسے اخبارات بھی ۵۰ لاکھ سے اوپر کی رقوم وصول کرنے میں کامیاب رہے۔

اب ذکر ان 'چھوٹی مچھلیوں' اور میرے دوست جیسے ڈمی اخبارات کا جو تعداد میں لشکر کی طرح ہیں اور لاکھوں روپے ہضم کر رہے ہیں۔

روزنامہ خبر دار، روزنامہ تعمیرِ وطن اور روزنامہ فائٹر ٹائمز ۴۹ لاکھ روپے فی کس لے گئے، جبکہ روزنامہ ریفارمر، روزنامہ صدااِلس، روزنامہ پاکستان ایکسپریس، روزنامہ سالار اور روزنامہ بلوچستان ٹوڈے ۴۶ سے ۴۸ لاکھ کی رینج میں رہے۔

روزنامہ تعمیرِ بلوچستان، روزنامہ شجاعت، روزنامہ عفان، روزنامہ کوزک نیوز چمن، روزنامہ فوز العظیم اور روزنامہ شال جیسے اخبارات ۴۰ سے ۴۵ لاکھ روپے کے درمیان کھیل رہے ہیں۔

اسی طرح روزنامہ صبا، روزنامہ گوادر ٹائمز، روزنامہ امروز، روزنامہ کوہِ سلیمان، روزنامہ جہانِ امروز، روزنامہ آوازِ نسلِ نو، اور روزنامہ معلوم (جس کے چھپنے کا مقام شاید کسی کو معلوم نہیں) ۳۸ سے ۴۰ لاکھ روپے لے گئے۔ روزنامہ وقت، روزنامہ الفجر، روزنامہ دنیا، روزنامہ AM-۶، روزنامہ ساحل، روزنامہ الجزیرہ، روزنامہ حال، روزنامہ طالب، روزنامہ کوئٹہ ایکسپریس، روزنامہ تلاطم نیوز، روزنامہ استمان اور روزنامہ عکسِ مہران جیسے درجنوں اخبارات ۳۰ سے ۳۸ لاکھ روپے کی بہتی گنگا میں ہاتھ دھو رہے ہیں۔ حتیٰ کہ روزنامہ ڈسٹرکٹ نیوز، روزنامہ نوائے زوند، روزنامہ بلوچستان لائنز، روزنامہ طاقت، روزنامہ ٹل نوشکی، روزنامہ

بازیاب، روزنامہ پبلک، روزنامہ گل زمین، روزنامہ عسکر، روزنامہ وائس آف ملینز، روزنامہ روزن تربت، روزنامہ زیارت ویوز، روزنامہ کوہِ یار اور روزنامہ کوزک نیوز قلعہ عبداللہ بھی ۲۰ سے ۲۸ لاکھ روپے سمیٹنے میں کامیاب رہے۔

آخر میں دم توڑتی صحافت کے وہ کھلاڑی ہیں جو شاید صرف ڈیکلریشن بچانے کے لیے زندہ ہیں۔

ان میں روزنامہ گوادر بزنس، روزنامہ صداقت انٹر نیشنل اور روزنامہ آفتاب ۲۰ لاکھ روپے لے گئے، جبکہ روزنامہ ایگل حب، روزنامہ سبول، روزنامہ نعرہ حق، روزنامہ گروک بلوچستان، روزنامہ بلوچستان آبزرور، روزنامہ مرر اور روزنامہ فرزندِ بلوچستان ۱۷ سے ۱۸ لاکھ روپے وصول کر پائے۔

روزنامہ گریٹ بلوچستان، روزنامہ گلدستہ بہار، روزنامہ پرل، روزنامہ آئینہ، روزنامہ نوائے وطن، روزنامہ ناظم نیوز، روزنامہ پاکستان، روزنامہ آواز ٹائمز، روزنامہ آزاد، روزنامہ زمانہ، روزنامہ اذان سحر، روزنامہ سپین زر، روزنامہ مکران ٹائمز، روزنامہ الرازی اور روزنامہ وکالت نامہ ۱۲ سے ۱۴ لاکھ روپے کی لائن میں ہیں۔

فہرست کے آخر میں روزنامہ بروقت، روزنامہ مشرق ایوننگ، روزنامہ حرب بقاء، روزنامہ قومی آواز، روزنامہ فرزندِ کشمیر، روزنامہ خطاب، روزنامہ مہردار، روزنامہ زلاند، روزنامہ ورلڈ میٹر، روزنامہ زیبائے پاکستان، روزنامہ آوازِ پشین اور روزنامہ پارلیمنٹ ٹائمز جیسے نام ہیں جو چند ہزار سے لے کر ۱۱ لاکھ تک کی سرکاری خیرات پر پل رہے ہیں۔

کل ۱۱۰ اخبارات کی اس فہرست کو دیکھ کر لگتا ہے کہ کوئٹہ 'نیویارک ٹائمز' کا ہیڈ کوارٹر بن چکا ہے جہاں ہر گلی سے اخبار نکل رہا ہے۔

اب آتے ہیں اصل 'کھیل' کی طرف۔

یہ اخبارات چل کیوں رہے ہیں؟ کیا عوام کی آگاہی کے لیے؟ جی نہیں! یہ سب ۳۰ فیصد کمیشن کی کرامات ہیں۔

یہ ایک کھلا راز ہے کہ اشتہارات کا کوٹہ اسی کو ملتا ہے جو 'سسٹم' کو خوش رکھے۔

یہ ڈمی اخبارات حکومت پر ایک ایسا بوجھ ہیں جو نہ اتر رہا ہے اور نہ ہی عوام کو فائدہ دے رہا ہے۔

اخبار مالکان کروڑوں کے اشتہار لے کر اپنی تجوریاں بھرتے ہیں، اور وہ غریب صحافی جو خبر لاتا ہے، جو فیلڈ میں جوتے گھساتا ہے، وہ تنخواہ کے لیے مہینوں دفتروں کے چکر کاٹتا ہے۔

اسمبلی میں جب پوچھا گیا کہ یہ ماجرا کیا ہے؟ تو وزیر اطلاعات کا تحریری جواب (جو دستاویز میں موجود ہے) روایتی بیوروکریٹک گول مول تھا۔ کہا گیا کہ "اشتہارات کا بہاؤ حکومتی ضروریات کے مطابق ہوتا ہے"۔

حضور! کون سی ضرورت؟ کیا وہ ضرورت ان اخبارات میں پوری ہو رہی ہے جن کی اشاعت (Circulation) محض فائلوں میں "ہزاروں" ہے مگر حقیقت میں چند سو کاپیاں بھی پرنٹ نہیں ہوتیں؟

حقیقت یہ ہے کہ یہ 'کاغذی میڈیا' اب ایک مردہ گھوڑا ہے جسے سرکاری

خزانے کے چابک سے دوڑانے کی کوشش کی جارہی ہے۔

جب خبر ٹویٹر (X)، فیس بک اور یوٹیوب پر سیکنڈوں میں پھیل جاتی ہے، تو اگلے دن کی باسی خبروں پر کروڑوں روپے لٹانے کا کیا جواز ہے؟

یہ ۵۲ کروڑ روپے اگر بلوچستان کی تعلیم، صحت یا ڈیجیٹل میڈیا کے نوجوانوں کی تربیت پر لگتے تو شاید کوئی انقلاب آتا۔

مگر یہاں تو سسٹم ہی یہ ہے کہ "تم بھی کھاؤ، ہمیں بھی کھلاؤ، اور صحافی کو بھوکا مارو۔"

آ یہ ۱۱۰ اخبارات کی فہرست دراصل صحافت کی خدمت نہیں، بلکہ صحافت کے جنازے کی رسید ہے۔ جب تک یہ ۳۰ فیصد کمیشن کا کینسر اور ڈمی اخبارات کا کلچر ختم نہیں ہوگا بلوچستان کا حقیقی صحافی فاقوں پر مجبور رہے گا اور سرکاری خزانہ اسی طرح 'ردی' خریدنے میں لٹتا رہے گا اور میرے دوست جیسے 'کاغذی اخبار مالکان' یونہی روتے دھوتے ہوئے کروڑپتی بنتے رہیں گے۔

جنابِ وزیر اعلیٰ! جب ان اخبارات سے نہ عوام کا بھلا ہو رہا ہے اور نہ ہی صحافی کا چولہا جل رہا ہے تو پھر اس معاملے پر اب آپ کو سنجیدگی سے کچھ نہ کچھ تو سوچنا ہوگا۔

***